Hanno Lunin
DREI TOLLE TAGE

ISBN 978-3-938647-11-0

HANNO LUNIN

DREI TOLLE TAGE

Deutsche Szenen mit Gesang
zum 9., 10. und 11. November

mit Notenanhang und Kalendarium

Vorwort von Bernd Kauffmann

›ORPHEUS UND SÖHNE‹ VERLAG

Umschlag   dreistmedia / Alexander Beitz

unter Verwendung

eines Luther-Porträts von Lukas Cranach dem Älteren (1529),
des Schiller-Porträts von Ludovike Simanowiz (1793),
eines mecklenburgischen Volksliedes aus dem 18. Jahrhundert,
eines Porträtfotos Kaiser Wilhelms II. in preußischer Offiziersuniform,
eines jiddischen Pogrom-Lieds von Mordechai Gebirtig (1938)

sowie Bildmaterials von istock

Bildbearbeitung Noten-Anhang   Veit Kenner

Für Karin Rasenack,
diese hochkarätige Schauspielerin und gütige Person,
die an einem 10.November geboren wurde.

Sie würde hier gern in der Rolle der *Ruth Blume* gesehen
(und sehr viel später noch in der Rolle der *Anna Stein*).

"Bedenkt man nun, daß wiederholte Spiegelungen
das Vergangene nicht allein lebendig erhalten,
sondern sogar zu einem höhern Leben emporsteigern,
so wird man der Erscheinungen gedenken,
welche gleichfalls von Spiegel zu Spiegel nicht etwa verbleichen,
sondern sich erst recht entzünden,
und man wird ein Symbol gewinnen,
was in der Geschichte der Künste und Wissenschaften, der Kirche,
auch wohl der politischen Welt
sich mehrmals wiederholt hat und noch täglich wiederholt."

Goethe, 73: *"Wiederholte Spiegelungen"*, 1823

"Kann man sich etwas Heitreres denken als diese ...
Travestie des 18. Brumaire [1]. ...
Es scheint wirklich,
als ob der alte Hegel in seinem Grabe
die Geschichte als Weltgeist leitete ...
und alles sich zweimal abspinnen ließe,
einmal als große Tragödie und das zweite Mal als lausige Farce ... "

Friedrich Engels, 31: Brief vom 3. Dezember 1851 an Karl Marx

"Hegel bemerkt irgendwo,
daß alle großen weltgeschichtlichen Tatsachen und Personen
sich so zu sagen zweimal ereignen.
Er hat vergessen hinzuzufügen:
das eine Mal als große Tragödie, das andre Mal als lumpige Farce ...
Der achtzehnte Brumaire des Idioten
für den achtzehnten Brumaire des Genies!
Das erste Mal ...ein St. Bernhard zu übersteigen,
diesmal eine Kompagnie Gensdarmen über den Jura zu schicken."

Karl Marx, 34: *"Der achtzehnte Brumaire des Louis Bonaparte"*, 1852

*"Vielleicht darf man sagen,
daß jedem Gedicht sein '20. Jänner'* [2] *eingeschrieben bleibt?
Vielleicht ist das Neue
an den Gedichten, die heute geschrieben werden,
gerade dies: daß hier am deutlichsten versucht wird,
solcher Daten eingedenk zu bleiben?
Aber schreiben wir uns nicht alle von solchen Daten her?
Und welchen Daten schreiben wir uns zu?"*

Paul Celan, 39: *"Der Meridian"*. Rede anläßlich der Verleihung
des Georg-Büchner-Preises in Darmstadt, am 22. Oktober 1960

*"Die Farce also,
die Verhöhnung des bürgerlichen Idealismus
durch den noch viel bürgerlicheren Materialismus wäre ...
die große Gelegenheit,
die Verhältnisse selbst zum Sprechen zu bringen –
oder vielmehr ... an den wiedergekehrten tollen Tagen,
die Zustände zu belauschen und sie zu dokumentieren
im Augenblick ihrer drastisch aufrichtigen und zynischen
Selbstoffenbarung."*

Peter Sloterdijk, 50: Rede zum 9. November 1997 in Berlin

1) Der 18. Brumaire
war im *Republikanischen Kalender* der *Französischen Revolution* der 9. November.

2) *"Den 20. Jänner
ging Lenz durchs Gebirg"* in Georg Büchners Novelle
und ließ Reinhard Heydrich 1942 in Berlin seine *Wannseekonferenz*
die *"Endlösung der Judenfrage"* beschließen.

VORWORT

Die hier vorgelegten »Drei tollen Tage« von Hanno Lunin sollten ein Stück der Erinnerung werden; eine heitere, ironische und böse Geschichte von den so unterschiedlichen Wegen der nationalen Selbstsuche in Ost und West, geistesgeologisch durchdekliniert am Beispiel von zwei der »herrlichsten Personifikationen des deutschen Gedankens«, die am 10. November Geburtstag feiern: Martin Luther und Friedrich Schiller.

Der Schiller-Chor aus Bergtal, Deutschland West, und die Martin-Luther-Kantorei, Deutschland Ost, bereiten gerade den Jubiläumsgeburtstag ihrer »Säulenheiligen« am 10. November vor.

Der 9. November, Schicksalstag der Deutschen seit langem, wirft jenseits und diesseits von Günter Schabowskis nächtlicher Pressekonferenz-Charade selbigen Datums seine eigenen Irrlichter auf den von Oberlehrern, Kulturamtsdamen, Gemeindepfarrern und Chorsängern beider Seiten so sorgsam geprobten Sing-Sang-Schrebergarten deutscher Tümelei.

Und auch der 11. November, nicht minder erinnerungsgesättigt, erhellt und verdunkelt die nekrophilologisch vorbereiteten Gedächtnisfeiern, die zum guten Ende doch noch zu einem »sperrigen« Ganzen werden.

Hanno Lunins »Deutsche Szenen« sollten ferner ein Theaterstück über das gebrochene Gedächtnis der Deutschen samt ihrer begrenzten Fähigkeit werden, nationale Feste unverstellt und ungeteilt feiern zu können.

Nun ist das Werk selbst zum Gedächtnisstoff geworden, zum Objekt der Erinnerung, ohne je in Szene gesetzt worden zu sein.

Die »Weimar 1999 – Kulturstadt Europas GmbH« hatte im Jahre 1997 den Autor zum hier veröffentlichten Stück deutsch-deutscher Erinnerungsseligkeit und Gedächtniszwietracht beauftragt. Allein, im

Zuge der konkreten Planungen für das Programm des europäischen Kulturstadtjahres wurde erkennbar, daß die Haushaltsmittel nur noch für eingeladene Co-Produktionen, nicht jedoch ausreichten, dieses hinreißende Stück angemessen zu finanzieren, also eigenständig zu produzieren.

So harren die »*Drei tollen Tage*« von Hanno Lunin bis heute einer Gelegenheit, auf die unbarmherzige Übersichtlichkeit einer deutschen Bühne transportiert zu werden.

Geschähe es endlich: es wäre für das deutsche Theater und die deutsche, ewig saumselige Selbstvergessenheit wahrlich ein Gewinn.

Berlin, April 2008

Bernd Kauffmann

Generalbevollmächtigter und Geschäftsführer
der Stiftung Schloss Neuhardenberg

von 1996 bis 2000 Generalbeauftragter
der »*Weimar 1999 – Kulturstadt Europas GmbH*«

VORBEMERKUNG DES AUTORS

In jungen Jahren pflegte ich dramatische Texte möglichst in gebrauchsfertigen Dosierungen und Maßen abzuliefern.

Damals mußte ich noch lernen, daß viele Regisseure ihre inszenatorische Arbeit an einem Stück gern damit beginnen, daß sie es erst einmal "einstreichen": also verkürzen.

Dabei hält natürlich auch noch jeder Regisseur ganz was anderes für verzichtbar als seine Kollegen.

Da sie sich aber allesamt hemmungslos auch an perfekten oder idealen Proportionen zu vergehen nicht scheuen, sind verhängnisvolle Amputationen bisweilen die ungute Folge.

Seit ich das weiß, liefere ich auch für ihre Streichwut die geeigneten Vorlagen gleich mit. Also lasse ich erkennbare Längen lieber stehen.

Aber natürlich sollte auch solches Übermaß nicht eben aus Makulatur bestehen. Man kann es für Informationen nutzen, die einen Zuschauer im Theater zwar überfordern würden, für die Theatermacher – Regisseure und Schauspieler, Bühnenbildner und Dramaturgen – aber mindestens nützlich, wenn nicht gar unentbehrlich sind.

So dient ein erfahrener Autor zwei bedenkenswerten Herren gleich auf einmal:

er sorgt ohne lästige Literaturhinweise für die erforderliche Bildung seiner Realisatoren

und läßt die Regisseure lustvoll ihre eigenen subjektiven Maße entwickeln.

(Viel kommt natürlich auch auf die Besetzung an: was im Munde des einen Schauspielers langweilt, klingt beim andern faszinierend. Beides muß der Regisseur beizeiten bemerken.)

Ein Leser freilich hat es vielfach besser als ein Zuschauer oder Regisseur im Theater: er braucht an keine letzte Straßenbahn, keinen Luftmangel in überheizten Auditoriën, an keine Überforderungen oder Übermüdungen überarbeiteter Eintrittskartenzahler zu denken: er kann *ad libitum* pausieren, vertagen, wiederholen oder anstreichen und exzerpieren, er ist der ungegängelte Herr eines solchen Textes und kann auf vorgegebene Standardbemessungen verzichten – wohl bekomm's!

DIE PERSONEN

Schiller-Chor Bergtal:
Chorleiter: Lukas Bickel, Studienrat

Sopran und Alt:
Ruth Blume, Studienrätin
Ute Goose, Studienrätin
Lisa Pong, Abiturientin
Lena Stechenkoop, Primanerin
Iris Pohl, Mutter, etwa 35
Dora Lahn, Mutter, etwa 33
Anna Stein, eine eindrucksvolle schöne Greisin
"Die Susi", Mitte zwanzig

Tenor und Baß:
Dr. Ulf Senge, Oberstudienrat und Stadtrat
Lutz Loppe, Student
Tim Siebenbach, Abiturient
Hans Riebenbaum, Primaner
Rolf Schultze, Primaner
Udo Baum, Vater, etwa 40
Otto Schneider, Großvater, etwa 60
Max Teepe, Großvater, etwa 55

Martin-Luther-Kantorei Talberg:
Chorleiterin: Lola Glimpe, etwa 45
Kulturreferent: Dr. Rüdiger Potz-Brosam, um die 40

Tenor und Baß:
Waldemar Finke, Gemeindepfarrer, etwa 54
Karl Schwangenweiler, etwa 55
Paul Friebe, etwa 50
Uwe Born, etwa 36
Veit Liebesam, etwa 19
Markus Pauli, etwa 22
Wolf Gebegut, etwa 27
Götz Jeguleit, etwa 19

Sopran und Alt:
Gerda Friebe, etwa 45
Vera Löblich, etwa 23
Eva Klapp, etwa 18
"Die Susi", Mitte zwanzig
und vier weitere Chorsängerinnen um die 40

XIV

Die Bühne ist offen und leer: hat weder Dekoration noch einen Aushang. Sie sollte recht breit sein und mehrere Spielflächen nebeneinander gestatten.

1.

Links außen ist derzeit die Probe eines Gemischten Kammerchores zugange. Chorleiter ist Studienrat Bickel. Einer Stimmgabel entnimmt er den benötigten Anfangston, den er sich von den einzelnen Stimmgruppen des Chores kurz quittieren läßt. Dann gibt er das Zeichen zum Einsatz.

Musik Nr. 1:

Der Chor *(singt a cappella und nicht allzu sauber):*

"Wohlauf, Kameraden, aufs Pferd, aufs Pferd!
Ins Feld, in die Freiheit gezogen!
Im Felde, da ist der Mann noch was wert,
Da wird das Herz noch gewogen.
Da tritt kein anderer für ihn ein,
Auf sich selber steht er da ganz allein."

Glockeneinsatz. Lichtwechsel.

2.

Kirchenglocken.

Musik Nr. 2:

Orgelmusik aus dem off rechts vorn: nach Beëndigung des Gottesdienstes eine freie Fantasie des Organisten zu "Ein feste Burg ist unser Gott".

Pastor Finke tritt im Talar aus der rechten Nullgasse, aus der ihm, wie aus einem Kirchenportal, die einzelnen Gottesdienstbesucher folgen. Es sind nicht allzu viele.

Pastor Finke verabschiedet jeden einzeln per Handschlag.

Als letzter tritt Dr. Potz-Brosam zum Geistlichen.

Orgelspiel und Glockengeläut hören auf.

Finke: Guten Tag, Herr Doktor: welch seltener Gast bei Martin Luther!

Potz-Brosam: Ja, leider, Herr Finke! Was will man machen: die vielen Dienstreisen heutzutage. Aber gratuliere: war 'ne schöne Predigt, Klasse.

Finke *(bedankt sich lachend.)*

Potz-Brosam: Nee – alles, was recht ist: aktuëll. Bloß, was solls: wir beide haben Deutschland nicht gespalten.

Finke: Na?

Potz-Brosam: Wir haben es auch nicht wieder vereinigt. *(Er lacht.)*

Finke: Nein.

Potz-Brosam: Aber die Suppe auslöffeln müssen wir alle.

Finke: Also, Suppe –

Potz-Brosam: Auch wir beide. Also, streng vertraulich, Herr Finke: Sie haben doch 'ne Sekunde Zeit? Ich habe da nämlich Informationen, aber top secret, ja?, daß drüben in Bergtal eine Schillerfeier veranstaltet wird.

Finke: So.

Potz-Brosam: Im Schiller-Gymnasium Bergtal. Zu Schillers Geburtstag.

Finke: Ach ja?

Potz-Brosam: Ja. Und wissen Sie, wann der ist? Na, Herr Superintendent? *(Er singt nach Hape Kerkeling:)* "Das ganze Leben ist ein Quiz!" Wann hat Schiller Geburtstag, bitte wählen Sie – jetzt!

Finke: Nun ja, gerade Schiller ist mir momentan – im Mai?

Potz-Brosam: Null Punkte, Herr Finke, no points. Im November. Und zwar am zehnten. Na, klingelt jetzt was bei Ihnen?

Finke: Also klingelt: am zehnten?

Potz-Brosam: Als Superintendent unsrer Martin-Luther-Gemeinde, Herr Finke! Am 10. November: was ist denn da noch? Nix, gar nix?

Finke: Ja, für unsre katholischen Brüder und Schwestern der Heilige Leo.

Potz-Brosam: Gibt es in unserm Talberg nicht, Gott sei Dank. Und für die Evangelen, Herr Finke?

Finke: Also: Evangelen – *(ruft in die Kirche hinein)*: Ich komme, Herr Körber, ich komme.

Potz-Brosam: Dann will ich Ihnen schnell mal auf die Sprünge helfen. Was wäre denn für die Katholen, so es die gottbewahre hier gäbe, am 11. November?

Finke: Am 11.? Der Heilige Martin, wieso?

Potz-Brosam: Na, also. Und am 10.?

Finke: Na, der Heilige Leo.

Potz-Brosam: Na gut: dann lassen Sie sich von einem eingefleischten Sozialdemokraten belehren, Herr Superintendent: am 10. November 1483 – hier stehe ich, ich kann nicht anders:

Finke: Gott helfe mir, Amen. *(Er läßt Potz-Brosam stehen.)*

Potz-Brosam (schaut ihm nach): Na gut: ich kann auch anders.

Lichtwechsel.

3.

Links ist wieder Chorprobe.

Musik Nr. 1:

Der Chor *(singt und wiederholt mit ritardando):*

"Da tritt kein anderer für ihn ein,
Auf sich selber steht er da ganz allein."

Bickel: Ja, sehr schön. Aber die Tenöre, bitte: "Im Felde, da ist der Mann noch was wert" – das war im Tenor zu leise, mehr Inbrunst, bitte, mehr Begeisterung. Nur diese Stelle mal eben:

Lutz: Was soll das eigentlich heißen: "Im Felde, da ist der Mann noch was wert" – als Bauer oder wie?

Tim: Klingt irgendwie feministisch.

Iris Pohl: Quatsch.

Hans: Oder männerfeindlich.

Rolf: Jedenfalls diskriminierend: wieso ist ein Mann nur im Felde was wert?

Lisa: Na, in der Natur, als Naturwesen, ökologisch.

Bickel: Halt-halt-halt: alles falsch. Feld heißt hier so viel wie Krieg. Ein altes Wort für Krieg, weiter nichts.

Lutz: Das wird ja immer bunter. Wieso ist der Mann nur im Kriege was wert? Sowas singe ich nicht, tut mir leid.

Otto Schneider: Was soll das, Lutz? Ich meine, Schiller war Soldatenfreund, das ist doch bekannt.

Tim: Ein Chauvinist, das sowieso: ein Chauvi.

Udo Baum: Wieso denn ein Chauvinist? Ein Deutscher.

Ruth Blume: Moment mal. Dieses Lied stammt doch aus dem "Wallenstein", aus "Wallensteins Lager", oder? Da singen es die Dragoner.

Otto Schneider: Und die Kürassiere.

Ruth Blume: Also Soldaten.

Otto Schneider: Und die Jäger.

Ruth Blume: Alles Soldaten des 17. Jahrhunderts.

Lutz: Eben. Was soll das heute?

Udo Baum: Soldaten sind keine Mörder.

Max Teepe: Darf ich mal vorschlagen, die zweite Strophe zu singen. Oder erst mal zu lesen. Da klärt sich alles von selbst. Nur mal lesen.

Alle (schauen in ihre Partituren und lesen wortlos die zweite Strophe dieses Reiterliedes aus "Wallensteins Lager".)

Dr. Senge (sagt in diese Pause hinein): Wir haben übrigens Konkurrenz bekommen.

Niemand (reagiert.)

Dr. Senge: Drüben in Talberg: da wird ein Martin-Luther-Fest vorbereitet, zu Luthers Geburtstag.

Niemand (reagiert.)

Dr. Senge: Also auch am 10. November.

Alle (schauen Dr. Senge an: Pause einer Schrecksekunde.)

Iris Pohl: Martin Luther soll am selben Datum Geburtstag haben wie unser Schiller?`

Ruth Blume: Na, das ist ja 'n Hammer.

Ute Goose: Dann geht es jetzt um die Wurst.

Bickel: Umso besser müssen wir sein. Also bitte, meine Herrschaften: die zweite Strophe!

Er entnimmt seiner Stimmgabel den Anfangston, den er sich von den Chorgruppen quittieren läßt, und gibt den Einsatz.

Lichtwechsel.

4.

Rechts außen ist eine Probe der Gemischten Kantorei der Martin-Luther-Gemeinde Talberg zugange.

Die Leitung hat die Kantorin Lola Glimpe.

Unter den Chorsängern findet sich auch Pastor Finke.

Musik Nr. 3:

Der Chor *(singt a cappella und nicht eben allzu sauber):*

"Ach Gott, vom Himmel sieh darein,
Und laß dich das erbarmen:
Wie wenig Heilige sind dein;
Verlassen sind wir Armen.
Dein Wort man läßt nicht haben wahr,
Der Glaub' ist auch verloschen gar - "

Lola *(unterbricht):* Stopstopstop: der Glaupp! Mit p wie ... wie PKW, wie Plastik, wie PC: sonst versteht man's nicht. Der Glaupp! Und klagender, im Sopran besonders, viel klagender: "Der Glaupp ist auch verloschen gar bei allen Menschenkindern" – eine Katastrophe. Wie kann man ohne Glauben leben? fragt Martin Luther: uns alle. "Verlassen sind wir Armen." Noch einmal die Stelle, bitte: "Der Glaupp - *(intonierend:)* hm! *(Sie gibt den Einsatz.)*

Der Chor *(singt klagend):*

"Der Glaupp ist auch verloschen gar
Bei allen Menschenkindern."

Lichtwechsel.

5.

Probe des Schiller-Chores mit der zweiten Strophe des Reiterliedes aus "Wallenstein".

Musik Nr. 1:

Der Chor *(singt, eventuell in Stimmgruppen aufgeteilt, damit man den Text, der derzeit wichtiger ist als die musikalische Qualität, möglichst gut verstehen kann):*

"Auf der Welt die Freiheit verschwunden ist,
Man sieht nur Herren und Knechte,

Die Falschheit herrschet, die Hinterlist,
Bei dem feigen Menschengeschlechte,
Der dem Tod ins Angesicht schauen kann,
Der Soldat allein ist der freie Mann.
Der dem Tod ins Angesicht schauen kann,
Der Soldat allein ist der freie Mann."

Bickel: Sehr schön, bravo: das hört sich schon gut an. Schön: das wär's für heute.

Lutz: Entschuldigung, aber damit komm' ich nicht klar.

Lena: Ach, Lutzilein!

Lutz: Nein, tut mir leid: "Der Soldat allein ist der freie Mann" – das kann ich nicht singen, will ich auch nicht.

Ruth Blume: Aber Lutz: der freie Mann ist hier der, der "dem Tod ins Angesicht schauen kann". Steht doch alles da: in einer Gesellschaft, die den Tod nur noch verdrängt.

Lutz: Aber warum muß er denn grade Soldat sein?

Einige *(stöhnen genervt und beginnen aufzubrechen.)*

Andere *(scharen sich um Lutz und Dr. Senge.)*

Ruth: Wie Robert Blum, als er erschossen wurde: sie wollten ihm die Augen verbinden, aber er protestierte: "Ich möchte dem Tode frei ins Auge sehn!"

Dr. Senge: Ich glaube, der Lutz hat recht. Wir sind zwar der Kammerchor des Schiller-Gymnasiums Bergtal, aber trotzdem kein Schüler-Chor. Ein Schiller-Chor. Auch Lehrer singen mit, auch Eltern, sogar in der Überzahl.

Max Teepe: Auch Großväter.

Dr. Senge *(lachend):* Ja, Gott sei Dank.

Lutz *(mit erhobenem Finger):* Und ehemalige Schüler!

Dr. Senge: Umso größer ist unsre Verantwortung, wenn wir Schillers Geburtstag feiern wollen.

Tim: Das stimmt.

Einige *(gehen mit)* Tschühüs!

Dr. Senge: Und grade im Wettbewerb mit dieser Lutherfeier drüben in Talberg. Da spitzt sich was zu, meine Lieben, das wird beachtet.

Ute Goose: Steht auch schon in der Zeitung.

Dr. Senge: Eben.

Einige *(gehen mit)* Tschühüs!

Otto Schneider: Die andern kriegen übrigens Geld von der Stadt, und gar nicht wenig.

Max Teepe: Bloß damit sie uns die Show stehlen, diese Ossis. Wieder mal!

Dr. Senge: So ist es.

Ein Davongehender *(ruft):* Tschüs.

Jemand (antwortet): Tschüs.

Dr. Senge: Aber ich finde, so eine Rivalität, grade so eine althergebrachte wie diese, die hat auch was Gutes. Sie spornt einen an. Doch.

Ein Davongehender (ruft): Tschüs.

Jemand (antwortet): Tschüs.

Dr. Senge: Ich finde, unsre Schillerfeier muß jetzt sehr viel mehr sein als nur so eine kleine Schulveranstaltung. Sie muß repräsentativ sein: für unsern Schiller sowieso, aber auch für unser Bergtal.

Alle (applaudieren).

Dr. Senge: Moment. Aber dafür, meine ich, brauchen wir erst mal ein Festkomitee.

Lichtwechsel.

6.

Probe des Martin-Luther-Chores.

Musik Nr. 4:

Der Chor (singt a cappella):

"Mitten wir im Leben sind
Mit dem Tod umfangen."

Eine Chorhäfte *(singt):*

"Wen suchen wir, der Hilfe tu,
Daß wir Gnad' erlangen?"

Dr. Potz-Brosam kommt hereingepoltert. Alle Augen fliegen auf ihn. Auch Lola Glimpe registriert den Störenfried, dirigiert aber tapfer weiter.

Die andere Chorhälfte *(singt):*

"Das bist du, Herr, alleine,
Uns reuet unser Missetat,
Die dich, Herr, erzürnet hat."

Pastor Finke geht "auf Zehenspitzen" und mit dem Finger auf dem Munde zu Dr. Potz-Brosam, der sofort zu flüstern und lebhaft zu gestikulieren beginnt: die Störung ist perfekt.

Beide Chorhälften *(singen trotzdem weiter):*

"Heiliger Herre Gott,
Heiliger starker Gott,
Heiliger barmherziger Heiland,
Du ewiger Gott,
Laß uns nicht versinken in des bittern Todes Not.
Kyrieleison."

Lola *(bricht ab):*   Ja, stopp mal, bitte.

Potz-Brosam: Tut mir leid. Lassen Sie sich bloß nicht stören, klingt doch schon ganz passabel, bloß noch bißchen üben.

Finke: Darf ich mal bekanntmachen: das ist Herr Dr. Potz-Brosam, unser neuer Kulturreferent aus Ludwigshafen.

Potz-Brosam: Aus Leverkusen.

Finke: Oder so. Und das ist Frau Glimpe, unsre bewährte Kantorin, zugleich Faktotum und Seele des Ganzen.

Potz-Brosam: Hallöhchen.

Lola: Guten Tag.

Potz-Brosam: Aber nicht bloß die ollen Kamellen einstudieren. "Ein feste Burg ist unser Gott" will ich da nicht hören, auf unserm Festival, nix null-acht-fuffzehn. Überhaupt darf das kein reines Chorkonzert werden, Herr Finke, auf gar keinen Fall. Ich denke da auch an eine Tombola oder ein Martin-Luther-Quiz, auf breitester Basis. Luther war ein Mann des Volkes, des deutschen Volkes. Meine Damen und Herren, Sie wissen vielleicht schon aus den Medien, daß die Kommune Talberg Ihnen Ihr Lutherfest ganz erheblich subventioniert, ganz erheblich. Also erwarten wir auch viel von Ihnen. Denn drüben in Bergtal das Schillerfest, das hat inzwischen einen Etat, der ist sehr viel höher: durch Sponsoren, also sehr viel höher. Das müssen wir hier durch Qualität aufwiegen. Leider. Alle gemeinsam. Und durch Ideen, durch Einfallsreichtum. Ich appelliere da an jeden von Ihnen einzeln. Kirche ist heute demokratisch, nicht bloß abwarten, was Herr Finke anordnet: selbst kreativ werden, Vorschläge machen, in Luthers Werken wühlen. Und zwar ab sofort. Also: wer von Ihnen übernimmt Luthers Tischgespräche? Na? Nicht so schüchtern. Also wer?

Alles (schweigt.)

Potz-Brosam: Oder lieber seine Predigten? Oder seine Sprüche? Also, Mitbestimmung: Freiwillige vor. Nix? Dann müßte ich einfach bestimmen, täte mir leid. Herr Finke, was meinen Sie denn, wer sich da eignen würde?

Finke: Herr Pauli: wie wär's denn mit Ihnen? Unser Bücherwurm.

Potz-Brosam: Na, super. Herr Pauli: vielleicht einen schönen gepfefferten Luther-Brief zum Vorlesen?

Markus Pauli: Dann schon lieber ein paar Grobianismen zusammenstellen.

Potz-Brosam: Na, wunderbar, super. Grobianismen? Moment mal. Ach so, gegen den Papst, natürlich, fantastisch: Bergtal drüben ist ja überwiegend katholisch. Ja, und die Ferkeleien? Es wimmelt doch so von Sauereien bei Luther, die müssen wir da auch zu hören kriegen, keine Tabus mehr am Ende dieses Jahrtausends.

Lola: Entschuldigung, die Pause ist jetzt zu Ende. Wir müssen weitermachen.

Potz-Brosam: Okay: klären wir hinterher. Ich stell mich mal eben mit in den Chor. Auch hinter den Chor und vor den Chor, keine Bange. Kann schon weitergehen, bloß nicht stören lassen.

(Er stellt sich in den Chor, auch Pastor Finke kehrt dahin zurück.)

Lola: Wir singen noch einmal die erste Strophe. Und bitte noch einmal darauf konzentrieren, was das eigentlich bedeutet: "Mitten wir im Leben sind mit dem Tod umfangen"!

Alle (schweigen.)

Lola summt den Anfangston und gibt den Einsatz: ein Handy klingelt. Es ist Potz-Brosams. Er holt es vor.

Potz-Brosam: Potz-Brosam. ... Ja, aber schnell: ich höre ... *(Pause.)* ... Mm ... So ... Aha ... Mm ... Mm. Mm ... Tja ... Mm ...

Währenddessen weiches Ausblenden des Lichtes und Einsatz

Musik Nr. 5:

Christoph Prégardien *(off, singt den Schluß von Schuberts "Strophe aus 'Die Götter Griechenlands' D. 677b, auf Schillers Text, BMG/WDR 05472772962):*

"Schöne Welt, wo bist du? Kehre wieder,
Holdes Blütenalter der Natur!"

7.

Mitte links: Dr. Senge und einige junge Mitglieder des Schiller-Chores lagern um einen CD-Player, aus dem Prégardien den Schluß der Schiller-Strophe singt.

Die jungen Leute hören zu.

Aber jeder von ihnen hat auch ein Buch in der Hand.

Getränke, Zigaretten, Sitzkissen.

Christoph Prégardien *(off, singt noch):*

"Kehre wieder,
Holdes Blütenalter der Natur!
Schöne Welt, wo bist du?
Wo bist du?"

Pause.

Dora Lahn: Genau.

Die Zuhörer widmen sich nach und nach wieder ihrer Lektüre.

Dora: Das ist es.

Tim *(wiederholt):* "Schöne Welt, wo bist du?"

Pause.

Lisa: Nein: "Kehre wieder!"

Pause. Alle lesen.

Lena *(lesend):* "Ach, umsonst auf allen Länderkarten
Spähst du nach dem seligen Gebiet,
Wo der Freiheit ewig grüner Garten,
Wo der Menschheit schöne Jugend blüht."

Pause.

Dora *(lesend):* "Freiheit ist nur in dem Reich der Träume,
Und das Schöne blüht nur im Gesang."

Pause.

Tim (lesend): "Edler Freund! Wo öffnet sich dem Frieden,
Wo der Freiheit sich ein Zufluchtsort?
Das Jahrhundert ist im Sturm geschieden,
Und das neue öffnet sich mit Mord.

Und die Grenzen aller Länder wanken,
Und die alten Formen stürzen ein ... "

Pause.

Lutz *(lesend)*: "Alle Verbesserung im Politischen soll von Veredlung des Charakters ausgehen – aber wie kann sich unter den Einflüssen einer barbarischen Staatsverfassung der Charakter veredeln? Man müßte ein Werkzeug aufsuchen, welches der Staat nicht hergibt ...

Dieses Werkzeug ist die schöne Kunst."

Pause.

Lisa *(lesend):* "Alle Kunst ist der Freude gewidmet, und es gibt keine höhere und ernsthaftere Aufgabe, als die Menschen zu beglücken. Die rechte Kunst ist nun diese, welche den höchsten Genuß verschafft. Der höchste Genuß aber ist die Freiheit des Gemüts in dem lebendigen Spiel aller seiner Kräfte."

Pause.

Tim *(lesend):* "Der Mensch spielt nur, wo er in voller Bedeutung des Worts Mensch ist, und er ist nur da ganz Mensch, wo er spielt." Das ist so geil.

Pause.

Lena (lesend): "An die Muse.

Was ich ohne dich wäre, ich weiß es nicht; aber mir grauet,

Seh ich, was ohne dich Hundert' und Tausende sind."

Tim: Super.

Dr. Senges Handy klingelt.

Dr. Senge (ins Handy): Ja, halloh? ... Wie schön ... erzählen Sie! ... Wunderbar ... Aha ... Aha ... So? ... Na! ... Ja ... verstehe ... verstehe ...

Währenddessen Lichtwechsel und Musikeinsatz.

8.

Links ganz außen: Musikprobe zum Hexenlied aus Schillers "Macbeth":

Iris Pohl, Ruth Blume und Ute Goose reiten und tanzen mit wirren Haaren und sehr viel Schmuck auf Hexenbesen. Den Hexenbuckel spielen sie einfach.

Musik Nr. 6:

Ruth Blume (singt): "Einen Fischer fand ich, zerlumpt und arm –

Iris und Ute (wiederholen): Zerlumpt und arm –

Ruth: Der flickte singend die Netze:

Iris und Ute *(setzen sich auf den Boden und singen wie der Fischer beim Netzeflicken):* Lalala, lalala, lalala ...

Ruth: Er trieb sein Handwerk ohne Harm,
Als besäße er köstliche Schätze.

Iris und Ute (kichernd): Köstliche Schätze: hihihihihi!

Ruth: Und den Morgen und Abend, nimmer müd,
Begrüßt er mit seinem lustigen Lied:

Iris und Ute *(wiederholen Fischers frohes Lied beim Netzeflicken):*
Lalala, lalala, lalala!

Ruth: Mich verdroß des Bettlers froher Gesang –

Iris und Ute: (Sie hat's ihm geschworen schon lang und lang) –

Ruth: Und als er wieder zu fischen war,
Da ließ ich einen Schatz ihn finden –

Iris und Ute (springen auf): Einen Schatz, einen Schatz, einen Schatz –

Ruth: Im Netze, da lag es blank und bar,
Daß fast ihm die Augen erblinden.

Iris und Ute: Oh!
Er vertraute, der Tor, auf Hexengold!

Ruth: Er nahm den höllischen Feind nach Haus
Und lebte wie der verlorene Sohn,
Ließ allen Gelüsten den Zügel –

Iris und Ute: Er weiß nicht, daß er der Hölle zollt!

Ruth: Er hat den höllischen Feind im Haus:
Mit seinem Gesange, da war es aus.

Iris und Ute: Mit seinem Gesange, da war es aus!"

Ruth: Also, diese letzte Zeile: da hat der Schiller noch mehr reingelegt, finde ich. Wie ein Sänger plötzlich nicht mehr singen kann oder sowas. Sein ganzes Talent verliert: bloß durch diese Gier.

Iris: Dann laß uns das doch wiederholen, diese letzte Zeile, noch viele Male, zichmal, ohne Ende. Weil es mit seinem Gesang ja wirklich aus ist. Aus.

Ute: Ja, laßt uns das mal probieren: one – two – three:

Alle drei (singen): "Mit seinem Gesange, da war es aus!
Mit seinem Gesange, da war es aus!
Mit seinem Gesange, da war es aus,
war es aus, war es aus, war es aus, war es aus! ... " *(et cetera et cetera)*

Das Licht blendet dabei aus.

9.

Rechts daneben ist die Schiller-Lesung noch im Gange.

Lutz (lesend): "Mit einem Wort: Wenn die Materie zum Geist nicht hinaufsteigen kann, so bleibt nichts übrig, als daß der Geist zur Materie heruntersteige."

Tim *(lesend):* "Wie verwahrt sich aber der Künstler vor den Verderbnissen seiner Zeit, die ihn von allen Seiten umfangen? Wenn er ihr Urteil verachtet." Also, indem: indem er ihr Urteil verachtet. "Er blicke aufwärts nach seiner Würde und dem Gesetz, nicht niederwärts nach dem Glück und dem Bedürfnis."

Lena *(lesend):* "Eine der ersten Erfordernisse des Dichters ist Idealisierung" – also, da weiß ich nu nicht ganz ...

Lisa: Wieso denn?

Lutz *(lesend):* "Das Ideal eines Helden liegt in gleicher Entfernung zwischen dem ganz Verwerflichen und dem Vollkommenen."

Lisa *(lesend):* "Alle Wirklichkeit, wissen wir, bleibt hinter dem Ideale zurück; alles Existierende hat seine Schranken,

aber der Gedanke ist grenzenlos."

Dora *(lesend):* "Wo ich einen Körper entdecke, da ahne ich Geist – Wo ich eine Bewegung merke, da rate ich auf einen Gedanken."

Lena *(lesend):* "Wer sich über die Wirklichkeit nicht hinaus wagt, der wird nie die Wahrheit erobern."

Tim *(lesend):* "Alle Geister werden angezogen von Vollkommenheit."

Lisa *(lesend):* "Jede Vollkommenheit gibt mir Freude."

Lutz *(lesend):* "Vollkommenheit in der Natur ist keine Eigenschaft der Materie, sondern der Geister. Alle Geister sind glücklich durch ihre Vollkommenheit."

Dora (lesend): "Der Mensch ist da, um glücklich zu sein; oder – er ist da, um vollkommen zu sein.
Nur dann ist er vollkommen, wenn er glücklich ist.
Nur dann ist er glücklich, wenn er vollkommen ist."

Lisa (lesend): "Gottgleichheit ist die Bestimmung des Menschen. Unendlich zwar ist dies sein Ideal: aber der Geist ist ewig,"

Dr. Senge (lesend): "Woran liegt es, daß wir nichts desto weniger noch Barbaren sind?"

Pause.

Dr. Senge: Hier, auch das ist Schiller im O-Ton. *(Lesend:)* "Wenn die Kultur ausartet, so geht sie in eine weit bösartigere Verderbnis über, als die Barbarei je erfahren kann."

Tim: Wieso das denn?

Dora: Ja, und?

Dr. Senge (lesend): "Der sinnliche Mensch kann nicht tiefer als zum Tiere herabstürzen; fällt aber der aufgeklärte, so fällt er bis zum Teuflischen herab und treibt ein ruchloses Spiel mit dem Heiligsten der Menschheit."

Pause.

Lisa: Versteh ich nicht, seh ich nicht.

Dr. Senge: Meine lieben Freunde, ich bin jetzt seit vier Jahren im Kulturausschuß unsres Gemeinderates. Da weiß man ungefähr, wie der Hase läuft.

Lutz: Und wie läuft er da?

Dr. Senge: Für einen Idealismus, wie ihr ihn hier aus unserm Schiller zusammengetragen habt, kriegt ihr da keine einzige müde Mark. Ganz ausgeschlossen.

Dora: Ja, und?

Tim: Wir brauchen auch kein Geld, wozu denn.

Dr. Senge: Aber drüben das Lutherfest in Talberg: das wird jetzt von mehreren Sponsoren finanziert. Da können wir doch einpacken.

Tim: Aber dieser Idealismus ist doch tief religiös. Ich denke, bei uns hat die CDU die Mehrheit.

Dr. Senge: Was machen denn unsre andern Arbeitskreise mit Schiller, wißt ihr das?

Dora: Die singen Songs von ihm.

Lisa: Nee, ich finde auch: grade dieser Idealismus – also, für unsere Generation ist das total geil – und wirklich was Neues. Ich meine, da geht doch mal was ab: nicht bloß Renditen und Provisionen. Oder? Lutz, sag du doch was. Für mich ist das Ganze das Superding, total, du.

Dr. Senge: Aber nicht für den Kulturausschuß. Ich glaube, ihr müßt weitersuchen: einen ganz andern Schiller.

Tim: Gibt es den?

Dr. Senge: Zum Beispiel den politischen.

Tim: Ach, der die Französische Revolution verachtet?

Dr. Senge: Nein, der an Goethe schreibt: "Man muß ihnen ihre Behaglichkeit verderben, sie in Unruhe und Erstaunen setzen. Dadurch allein lernen sie, an die Existenz einer Poesie glauben und bekommen Respekt."

Pause.

Tim: Aber "Freude, schöner Götterfunken" singen wir nicht.

Lisa: Lutz, sag du doch was.

Lutz (lesend): "Lebe mit deinem Jahrhundert, aber sei nicht sein Geschöpf; leiste deinen Zeitgenossen, aber was sie bedürfen, nicht was sie loben."

Dr. Senge: Eben. Und was bedürfen sie?

Pause.

Lisa (lesend): "Aus dem göttlichen Teil unseres Wesens, aus dem ewig reinen Äther idealischer Menschheit strömt der lautere Quell der Schönheit herab, unangesteckt von dem Geist des Zeitalters, der tief unter ihm in trüben Strudeln dahinwallt."

Dr. Senge: Luftballons. Sucht den andern Schiller, den kritischen, den engagierten –

Tim (lesend): "Unter der Hülle aller Religionen liegt die Religion selbst, die Idee eines Göttlichen, und es muß dem Dichter erlaubt sein, dieses auszusprechen."

Dr. Senge: Ist es ja: es ist erlaubt. Aber im Kulturausschuß: wem nützt das da?

Lutz *(lesend):*

"Wozu nützt denn die ganze Erdichtung? Ich will es dir sagen, Leser, sagst du mir erst, wozu die Wirklichkeit nützt."

Pause.

Dr. Senge: Eins zu null, Lutz: eins zu null. Aber trotzdem: lieber weitersuchen.

Lichtwechsel und Einsatz:

Musik Nr. 7:

Langes Schlagzeugsolo im Dunkeln.

10.

Musik Nr. 7 *(noch):*

Rechts ganz außen spielt ein Schlagzeuger auf seiner Batterie.

Markus Pauli *und* **Veit Liebesam** *stellen je ein Notenpult zurecht und legen Textblätter auf.*

Götz Jeguleit *ist ihnen behilflich und setzt sich dann, als Zuhörer.*

Das Schlagzeug bricht ab.

Markus Pauli *(spricht in eine Colaflasche als Mikrofon):* "Wohlan denn: Also redet die Mutter im Haus und die Kinder auf der Gasse und der gemeine Mann auf dem Markt. Man muß denselbigen auf das Maul sehen, wie sie reden, und sie verstehen dann, daß man gut deutsch mit ihnen redet."

Schlagzeug: Akzent.

Markus (spricht in die Flasche): "Allen Liebhabern der freien Kunst Musica wünsche ich, Doctor Martinus Luther, Gnade und Friede vor Gott – "

und allen Einwohnern der Gemeinde Bergtal da drüben ganz besonders.

Veit und Götz (lachen.)

Markus: Ihnen ist dieses Lied gewidmet. "Wohlan denn:

Musik Nr. 8:

Markus (Sprechgesang): "Du närrisches, unweises Volk,
Du tolles und törichtes Volk –

Schlagzeug: Akzent.

Markus: Fang an zu erzittern und ängsten,
Fang an zu zittern und zagen!"

Das Schlagzeug greift den Rhythmus auf und begleitet Markus' Sprechgesang hinfort.

Markus: "Doch kein Schreien, kein Zerren, kein Plärren,
Kein Fluchen, kein Lästern, Verzagen,
Kein Kaiser, kein Papst, auch kein Engel, kein Teufel
Kann euch retten vom höllischen Feuer:
Ihr Lügner und Lästerer, Aufrührer, Ketzer,

Ihr Knebel und Rültze, Hanswürste und Tölpel,
Ihr Filze und Drecksäcke, Böswichter, Maden,
Verzweinelte, zweizungig ehrlose Monster
Mit Lügen und Wüten, mit Fluchen und Huren,
Mit Schänden und Schinden, Geschwürmes und Drecket,
Mit Morden
Wie wilde, wie grausame Wölfe, wie Löwen und Bären.
Wohlan denn, ihr furzenden Esel und Säue: der Teufel
Ist nicht in Indien, ist nicht in Äthiopien, der Teufel,
Der ist
In deiner Kammer, in deiner Stube,
An deinem Tisch und in deinem Bett: das ist
Die teuflische, höllische Grundsuppe
All des beschissenen Essens und Trinkens,
Beschissener Städte, beschissener Länder,
Beschissener Zeit und beschissenen Lebens. Das alles
Bescheiße dich nicht so sehr, daß du selber
In deinen Händen dann nur noch Beschissenes hast,
Das der stinkende Teufel regieret!
Laß fahren dahin!"

Schlagzeug *(bricht ab.)*

Markus *(spricht ohne "Mikrofon")*. "Der Welt Bosheit ist groß."

Götz: Aber nur drüben in Bergtal.

Alle *(lachen)*.

Veit: Luther nennt es Drecktal.

Markus *(reicht Veit seine Colaflasche):*   Jetzt du.

Götz: Ganz schön aggressiv.

Markus: "Gedanken sind zollfrei," sagt Luther.

Veit: "Auch Leidenschaften", sagt Luther. Und protestantisch sein heißt protestieren.

Götz: Aber protestieren ist was Negatives.

Markus: Aber Negatives ist was Konstruktives.

Götz: Wieso das denn?

Veit: Na, bei Luther bestimmt.

Götz: Weswegen feiern wir den eigentlich immer noch, nach circa fünfhundert Jahren, einem halben Jahrtausend: nur weil er den Vatikan kritisierte?

Markus: Na, ich bestimmt nicht.

Veit *(spricht in die Colaflasche als Mikrofon):*
"Wohlan denn, liebe Freunde, laßt uns noch einmal
Singen und schreiben und dichten und reimen
Und zeigen das Götzengeschlecht:

Schlagzeug: Akzent.

Musik Nr. 9:

Veit: "Ich, Martinus Luther Doctor, bekenne und zeige und will
Von Mißbrauch und Sünden des Kaufhandels reden.
Die Kaufleute halten für Recht,
Ihre Ware so teuer wie möglich zu geben,
Zum Schaden, zum Hunger, zum Elend des Nächsten.
Das ist ein Verkaufen und Kaufen,
Ein Kaufen und Wechseln, ein Wechseln und Tauschen,
Ein Tauschen und Rauschen, ein Lügen und Trügen
Und Rauben und Stehlen in goldenen Kleidern
Und Schauben in Scharlach, mit goldenen Ketten
und goldenen Ringen –

Markus: Ein Pfennig soll da noch zwei andere bringen
Und hundert Gulden noch zweihundert Gulden dazu, ohne Recht.

Veit: Eben deshalb will jedermann reich sein und Kaufmann
Mit bösen, gefährlichen, schändlichen Tücken und Kniffen:
Sie alle sind öffentlich Wucherer. Allesamt Wucherer,
Und ein Wucherer: das ist kein Bürger, das ist ein Würger.

Markus: Ein Wucherer, das ist ein Mörder.

Veit: Billig soll er am Galgen hängen
Und siebenmal höher als andere Diebe.

Markus: Und erst bei den Handelsgesellschaften: da
Ist alles nur Unrecht und Habsucht und Geiz:

Pastor Finke *(tritt ein.)*

Götz *(bringt ihm einen Stuhl.)*

Markus *(singt unbeïrrt weiter):*
Sie sammeln und raffen und scharren und schaben
Wie Heuschrecken, Raupen und Fledermäuse –

Veit: Wie schädliche Würmer, die alles zerfressen.

Markus: Je mehr sie schon haben, je mehr sie noch wollen.

Veit: Doch wer sich mit hundert Gulden nicht sättigt,
Der sättigt sich auch nicht mit tausend.

Markus: Solange es Handelsgesellschaften gibt,
Müssen Recht und Redlichkeit untergehn.

Veit: Doch wenn Recht und Redlichkeit bleiben sollen,
Müssen Handelsgesellschaften untergehn.
Die Obrigkeit soll ihnen wehren.

Markus: Ach, die Oberen haben doch Anteil daran
Und machen Geschäfte mit denen, die wuchern –

Veit: Eine nichtige, abgöttisch weltliche, lästerlich fleischliche Obrigkeit –

Markus: Plaget und drücket, verwundet und sticht ihre Untertanen –

Veit: Und schindet und schabt und beschwert sie mit Steuern.

Markus: Aber Geld macht nicht reich, sondern arm.

Veit: Geld ist des Teufels, macht Diebe.

Markus: Händel mit Geld, die sind unrecht und gottlos –

Markus: Verderben die Leute.

Veit: Ein Gewinn im Handel werde verflucht.

Markus: Auch Leipzig ist so im Meere der Habsucht versunken –

Veit: Auch Frankfurt –

Markus: Wie die Berge Arabiens unter der Sündflut.

Veit: Und so sind sie alle, auch alle die andern.

Markus: Auch Bergtal.

Veit: Aber Reichtum ist hier das Geringste auf Erden.
Gott gibt Reichtum den Eseln, denen er sonst nichts gönnet.

Markus: Die sind es nicht wert, unter Menschen zu leben.

Veit: Die sind es nicht wert, daß sie Menschen heißen.

Markus: Sie sind es nur wert, enteignet

Veit: Und aus dem Lande vertrieben zu werden.

Markus: Und Gott wird sie alle, die einen und andern
Verschmelzen wie Blei und wie Erz ineinander,
Als wenn ihre Städte verbrennen – auch Bergtal.

Veit: Und einer frißt da den andern noch auf –

Markus: Denn ein jeglicher Abel –

Veit: Hat hier seinen Kain –

Beide: Jeder Abel hat hier seinen Kain.

Veit: Laß fahren dahin."

Schlagzeug (bricht ab.)

Markus (spricht ohne "Mikrofon"): "Es werden böse Zeiten kommen", sagte Dr. Luther.

Veit (spricht ohne "Mikrofon"): "Wehe all denen", sagte Dr. Luther, "die in diesen Zeiten leben."

Finke: Klingt ja sehr modern.

Götz: "Geld macht keinen froh", sagt Dr. Luther, "es macht einen noch betrübter und voller Sorgen."

Markus: "Wir Sänger aber", sagt Dr. Luther, "sind fröhlich und schlagen die Sorgen mit Singen hinweg".

Veit: "Wir bekümmern uns nicht um den Streit des Marktes."

Finke: Aber der Streit des Marktes bekümmert sich leider um uns. Schönen Gruß von Herrn Dr. Potz-Brosam: er steht in Flammen.

Götz: Wieder mal.

Finke: Ja, das Schiller-Gymnasium in Bergtal ist eingeladen mit seiner Schillerfeier.

Markus: Ich weiß: zu diesem Wettbewerb oder Preissingen der Laienchöre in Ludwigsburg.

Finke: Ja, und anschließend noch nach Stuttgart. Er ist außer sich. Zuerst war nur die CDU daran schuld. Machenschaften, Klüngel der Partei. Dann die Medien. Dann wir, weil unser Chor Kantorei heißt statt Laienchor. Aber jetzt ist Martin Luther schuld.

Götz: Wieso das denn?

Finke: Weil er nicht so populär sei wie Schiller.

Veit: Wieso denn das nicht?

Finke: Viel zu fromm, viel zu theologisch, unpolitisch, längst passé, kurz und gut: Martin Luther genügt ihm nicht mehr, wir sollen ihn aufwerten.

Veit: Aufwerten: Luther.

Finke: Ja, durch andre Jubiläen, Gedenktage, was war noch am 10. November: deshalb bin ich nur hier, das sollen Sie suchen und finden, das ist sein Auftrag.

Veit: An wen?

Finke: Na, an Sie alle, an mich, an uns alle. Eine offizielle Recherche dauert ihm viel zu lange. Basisarbeit, sagt er, Mitbestimmung. Es gebe da vieles zu feiern. Meine Bitte: sagen Sie das weiter, Sie, Herr Jeguleit, auch in unsrer Spielschar, und machen Sie Vorschläge.

Götz: Gar nicht so schlecht.

Finke: Ich wäre Ihnen sehr dankbar. Bis nächsten Donnerstag. Dieser Mann macht mich wahnsinnig, ruft mich andauernd an. Ich will Sie nicht länger stören. Guten Abend.

Er geht ab.

Musik Nr. 10:

Trommelwirbel oder kurzes Schlagzeugsolo.

Lichtwechsel.

11.

Linke Bühnenhälfte.

Alle Mitglieder des Schiller-Chores kommen mit je einem Stuhl auf die Bühne.

Dr. Senge: Alle im Halbkreis setzen, bitte.

Alle setzen sich im Halbkreis, in der Mitte präsidiert Dr. Senge.

Dr. Senge: Ja, herzlich willkommen, auch im Namen unseres Bürgermeisters, der Sie alle grüßen läßt und diese Initiative unseres Chores nach Kräften zu fördern versprochen hat. Insofern also erst mal freie Bahn für gute Ideën. Jetzt bin ich richtig gespannt: was haben Ihre Forschungen ergeben? Was haben Sie ausgegraben?

Pause.

Gar nichts? Das glaube ich nicht. Na, wer traut sich?

Pause.

Dann eben einfach der Reihe nach. Herr Baum: was war sonst noch in Deutschland los an einem 10. November?

Udo Baum: Ja, also mir ist da aufgefallen: 1965. Am 10. November 1965 hat Ludwig Erhard im Bundestag seine Regierungserklärung als neuer Bundeskanzler abgegeben.

Rolf: Wer ist das denn?

Udo: Professor Erhard: der Vater des Wirtschaftswunders.

Lutz: Was für'n Wirtschaftswunder?

Max Teepe: Die Freie Marktwirtschaft.

Lutz: Ach so, die Arbeitslosen.

Dora: Und was hat er da gesagt, in seiner Regierungserklärung?

Udo: Ja: ich könnte sie vorlesen, ich hab' sie da.

Dr. Senge: Vielleicht nur die Essenz erst mal, in einem Satz?

Udo: Ja, also eine Wiederherstellung der wirtschaftlichen Stabilität.

Iris: Und wie?

Udo: Also, durch Maßhalten und die sogenannte formierte Gesellschaft.

Ruth Blume: Indem das soziale Sicherheitsnetz des Bürgers abgebaut wird.

Otto Schneider: Damals schon. Kluger Mann.

Dr. Senge: Naja, das Ende der Adenauer-Ära. Aber ein Jahr später, auf den Tag genau, hat die CDU ihn dann doch durch Kiesinger ersetzt.

Rolf: Wer ist das denn schon wieder?

Udo: Ja, auch an einem 10. November: 1966.

Dr. Senge: Gut, schreibt das auf, aber jeder nur einen. Jetzt Frau Goose?

Ute Goose: Ja, ich bin auf Leo I. gestoßen, Papst Leo I., den Namenspatron dieses Tages: weil er am 10. November gestorben ist.

Rolf: In welchem Jahr?

Ute: Na, 461.

Hans: Vor oder nach Christus?

Einige (lachen.)

Dr. Senge: Ich glaube, wir sollten doch lieber bei der deutschen Geschichte bleiben. Grundsätzlich. Der nächste: Herr Teepe?

Max Teepe: Ja, also 1974, ja? Da wurde in Berlin am 10. November der Kammergerichtspräsident Günter von Drenkmann ermordet.

Lena: Von wem denn?

Lisa: Und warum?

Hans: Von Linken. Also, Terroristen. Von der RotenArmeeFraktion.

Max: Das stimmt so nicht ganz. Das war die erste Aktion des Kommandos, das sich "Bewegung 2. Juni" nannte.

Hans: Linksradikale, sag' ich doch.

Lisa: Und warum haben sie den ermordet?

Hans: Weil am Tage vorher dieser Holger Meins gestorben war: am Hungerstreik. Im Knast.

Dr. Senge: Aber das war am 9. November, das gilt nicht.

Hans: Holger Meins war der erste Märtyrer des linken Terrors. An seinem Grabe rief Rudi Dutschke: "Holger, der Kampf geht weiter!"

Ute Goose: Entschuldigung, ich muß noch einmal auf Papst Leo I. zurückkommen: der war auch für die deutsche Geschichte sehr, sehr wichtig.

Tim: Ja: wieso?

Ute: Ja, die dominierende Stellung des Vatikans in ganz Europa, auch bei uns, bis hin zu Martin Luther, ein ganzes Jahrtausend lang: das geht vor allem auf diesen Papst zurück, nicht nur theologisch, auch juristisch.

Udo Baum: Auch kulturell.

Dr. Senge: Alles richtig. Aber trotzdem –

Ute: Außerdem hat er uns vor den Hunnen bewahrt.

Dr. Senge: Na, wunderbar. Und weiter: Lisa?

Lisa: Ja, großer Sprung: 1995 wird in Nigeria am 10. November der Schriftsteller Ken Saro-Wiwa als Widerstandskämpfer und Menschenrechtler hingerichtet.

Lutz: Ermordet.

Dr. Senge: Das ist Ausland.

Lisa: Seine letzten Worte waren: "Der Kampf geht weiter!"

Dr. Senge: Trotzdem: bitte nur noch Deutsches.

Lisa: Aber gern. Am 10. November 1944 wurden in Köln dreizehn Jugendliche der Widerstandsgruppe "Edelweißpiraten" gehängt.

Dr. Senge: Ja, schrecklich. Kennt aber niemand mehr.

Lisa: Diese Gruppe bestand aus Zwangsarbeitern, Kriegsgefangenen, Juden und Deserteuren, die mit Waffengewalt Köln von den Nazis befreien wollten. Sie überfielen Lebensmitteldepots und töteten faschistische Funktionäre.

Dr. Senge: Dann schreibt das auf. Aber weiter mal: Frau Pohl?

Iris: Ja, also am 10. November 1908, auch noch am 11., da hat doch der Deutsche Reichstag, aber in höchster Aufregung, über das Interview debattiert, das der Kaiser dem englischen "Daily Telegraph" gegeben hatte. Also, das war schon eine große außenpolitische Krise, damals, mit zerschlagenem Diplomatenporzellan in vielen Ländern, bis nach Japan. Reichskanzler Fürst von Bülow bot seinen Rücktritt an, und Kaiser Wilhelm selbst hatte noch Tage lang Depressionen, aber echt.

Max Teepe: Was ihn aber keineswegs daran hinderte, sich noch am selben 10. November ein Luftschiff des Grafen Zeppelin vorführen zu lassen, das tags zuvor, am 9. November 1908, vom Kriegsministerium abgenommen worden war.

Tim: Das heißt: zu militärischen Zwecken?

Max: Na, klar. Und Graf Zeppelin wird an diesem 10. November vom Kaiser persönlich empfangen und für – wörtlich: "einen der größten Momente der menschlichen Kultur" mit dem Schwarzen Adlerorden dekoriert: als "größter Deutscher des 20. Jahrhunderts".

Ute Goose: Des 19.!

Max: Nein des 20.: wörtlich!

Lisa: Und wann war das noch mal?

Iris: 1908.

Udo Baum: Aber mitgeflogen ist der Kaiser wohl nie, im Zeppelin?

Max: Erst drei Jahre später, wieder an einem 10. November, ließ er seinen Kronprinzen ganze zwei Stunden über Berlin herumschwirren.

Dr. Senge: Na schön. Und weiter? Was war sonst noch am 10. November: Frau Lahn?

Dora: Ja, also am 10. November 1971 hat der Bundestag in Bonn die Reform des Betriebsverfassungsgesetzes verabschiedet.

Dr. Senge: Aha. Und weiter: Herr Schneider?

Dora: Moment mal. Also mit Zugang der Gewerkschaften zu den Betrieben, immerhin.

Dr. Senge: Aha. Herr Schneider?

Dora: Und die Betriebsvertretungen wurden dadurch wesentlich ausgebaut, ganz erheblich.

Dr. Senge: Na, bitte. Herr Schneider?

Otto Schneider: 1914. Der 10. November 1914: das ist der Tag von Langemarck, ein heiliges Datum.

Dr. Senge: Aber umstritten.

Otto Schneider: Wie bitte?

Dr. Senge: Umstrittten. Doch wohl eher eine Legende. Ich glaube, jetzt bin ich selbst dran. Also, meine Recherchen waren mehr geistesgeschichtlicher Natur. Descartes –

Otto Schneider (erhebt sich und geht ab mit Applomb: er ist beleidigt und protestiert!)

Lena: Was war denn da in Langemarck?

Dr. Senge: Für uns hier unbrauchbar. Aber im Jahre 1619, da hatte am 10. November der junge Cartesius oder Descartes, René Descartes, mit 23 Jahren eine nächtliche Vision seiner späteren Welttheorie, die uns alle noch heute beherrscht, wörtlich *(er liest von einem Zettel ab)*: "Ihr Name ist die universelle Mathematik, sie umschließt alle andern Wissenschaften und erklärt alles für verstehbar."

Ute Goose: "Cogito, ergo sum."

Dr. Senge: Auch das. Aber den Menschen und das ganze Universum als Mechanismus begreifen: das haben wir von ihm, auch heute noch. Und an allem zu zweifeln, erst mal. Und nur was nützlich ist, ist wertvoll. Alles original Descartes.

Max Teepe: Aber auch nicht gerade deutsch.

Dr. Senge: Naja, lateinisch, international. Das war damals sowas wie europäisch, auch in Deutschland. Und diese Vision vom 10. November: die hatte er bei uns in Deutschland: in Ulm. Übrigens genau ein Jahr vorher, 1618, hat er sich am selben 10. November mit dem Physiker Isaac Beeckman befreundet, mit dem er gemeinsam davon träumte, die ganze Physik quasi zu mathematisieren. Gilt noch heute. Alles sowas am 10. November: das interessiert mich persönlich viel mehr als – Aber mal weiter: Rolf?

Rolf: Ja, also ich weiß bloß was von 1990. Da hat die Polizei in Leipzig den Mike Polley erschossen. Am 10. November. Beim Fußballspiel Lokomotive Leipzig gegen den FC Berlin. Und fünfzehn Verwundete, alles Hooligans aus Berlin.

Hans: Ja, und alle im Auftrag der Stasi.

Rolf: Aber Mike Polley war achtzehn Jahre alt.

Dr. Senge: Schreib das auf. Jetzt mal weiter: Frau Blume?

Musik Nr. 11:

Ruth Blume *(erhebt sich und singt):*
" 's brennt, Brüder, 's brennt!
Oj, unser armes Schtettl nebech brennt!
Unser Schtadt mit uns zusammen
Brennt zu Asche weg in Flammen,
Und die bejse Windn huschen,
's ganze Schtettl brennt!
Und ihr schtejt und kuckt umher

Mit varlejgte Händ,

Und ihr schtejt und kuckt umher,

Unser Schtettl brennt!"

Im Jahre 1969 wurde in Berlin ein Bombenanschlag auf das Jüdische Gemeindehaus gerade noch verhindert: 1969 – am 10. November.

Hans: Aber von Linken. Das waren damals Linksradikale.

Ruth Blume: Ist das nicht egal?

Hans: Wegen ihrer Solidarität mit den Palästinensern.

Ruth: Aber sie machten es am 10. November.

Hans: Gegen die "Faschisten von heute" in Israel.

Ruth: Es war der Jahrestag ... Jahrestag von etwas, das ... ich weiß, es fing schon am 9. November an ... und brannte nicht nur im Schtettl ... 1938 ... und wir nennen es inzwischen ... alle ... die Reichskristallnacht.

Alle (schweigen: Pause.)

Ruth (setzt sich.)

Rolf (erhebt sich und entfernt sich demonstrativ.)

Musik Nr. 12:

Off: Trommelwirbel.

Lichtwechsel.

12.

Rechte Bühnenseite.

Die Chorsänger der Luther-Kantorei kommen während des Trommelns mit einer schwarz-rot-goldenen Fahne zusammengeströmt. Sie sind mit Knüppeln und einigen Gewehren bewaffnet.

Musik Nr. 13:

Lutherchor *(singt a cappella):*

"Ratschintschin, ratschintschin,
Kriwali krawali krum!
Die Revolution! Die Revolution!"

Musik Nr. 14:

Leiser Trommelwirbel.

Musik Nr. 15:

Lutherchor *(singt bei anhaltendem Trommel-crescendo)*
"Raus, raus, raus. Revolution,
Vitrulala, vitrulala!
Freiheit, Republik, jaja:

Vitrulala, vitrulala!
Freiheit, Republik!"

Der Trommelwirbel erstickt den Gesang.

Der Chor wendet sich nach hinten um und bildet eine Gasse.

Durch die Gasse kommt Paul als der preußische General Wrangel (in angedeuteter preußischer Generalsuniform).

Die "Chorsänger" pfeifen, zischen und johlen.

Wrangel schreitet grüßend zwischen ihnen hindurch und bleibt zentral stehen.

Einzelne aggressive Zurufe.

Wrangel hebt die Hand, und alles verstummt.

Wrangel: Einen Stuhl, bitte.

Das Volk *(in Staffette):* Einen Stuhl! Einen Stuhl! Einen Stuhl! Einen Stuhl für den General!

Wrangel: Und wenn Sie schießen wollen, zielen Sie jetzt auf mich.

Jemand *(bringt einen Stuhl.)*

Wrangel *(tritt hinter die Stuhllehne)*: Berliner! Seine Majestät der König von Preußen hat mir das Oberkommando über die Truppen in den Marken, in Berlin und Potsdam übertragen. Ich soll die Ordnung, wo sie gestört, das Gesetz, wo es übertreten wird, wieder herstellen, die entfesselten Elemente bändigen und den Belagerungszustand ausführen. Hinter mir stehen vierzehn Bataillone der Infanterie und zehn Garde-Batterien, je sechs- oder zwölfpfündig. Die Truppen sind gut, die Schwerter haarscharf geschliffen, die Kugeln im Lauf.

Pause.

Aber nicht gegen euch, Berliner. Sondern zu eurem Schutze, Berliner, gefällt euch das?

Einzelne Stimmen: Jawoll! Na, klar. Bravo.

Wrangel *(setzt sich auf den Stuhl)*: Das freut mich. Die Anarchie muß aufhören, das verspreche ich euch, und ein Wrangel hat sein Wort noch nie gebrochen.

Eine Delegation tritt zu Wrangel. Sie besteht aus drei Männern: Major Rimpler (Karl Schwangenweiler), Stabschef Duncker (Uwe Born) und einem Adjutanten (Götz Jeguleit).

Rimpler: Melde Herrn General, die versammelte Bürgerwehr ist entschlossen, die Freiheit des Volkes und die Würde der Nationalversammlung zu schützen.

Duncker *(liest ab)*: "Die versammelte Bürgerwehr hat beschlossen, den General von Wrangel aus seiner Stellung eines Oberbefehlshabers abzuberufen und sofort zu entfernen."

Pause.

Wrangel: So. *(Er reicht Duncker ein Blatt Papier.)* Lesen Sie lieber das mal Ihrer Bürgerwehr vor.

Duncker *(verliest):* "Berlin, den 10. November 1848: Obgleich die heute einrückenden Truppen einen friedlichen Empfang zu erwarten haben, so wäre es doch möglich, daß ihrem Einrücken an einigen Punkten Widerstand geleistet wird. Wo dieser Fall eintritt, haben die Truppen jeden Widerstand mit der Gewalt der Waffen zu bekämpfen."

Pause.

Rimpler: Herr General: die Bürgerwehr wird nur der Gewalt weichen.

Wrangel: So. Dann sagen Sie Ihrer Bürgerwehr: die Gewalt ist jetzt da.

Pause.

Wrangel *(zieht seine Uhr):* Binnen fünfzehn Minuten wird Ihre Bürgerwehr abziehen.

Er hält die Uhr hoch:

Musik Nr. 16:

Leiser Trommelwirbel, cresc.

Langsam löst sich die versammelte Bürgerwehr auf und entfernt sich nach hinten.

Ein Arbeiter (Wolf Gebegut) *mit Gewehr tritt dicht zu Wrangel.*

Der Arbeiter: Ick sare Ihnen, det wer sonst eklich jewordn. Wir waren ja alle für die Republik. Aba nu is ja allens wieda jut, und da wern wa ooch janz jemütlich bleiben. Nischt für unjut.

Wrangel *(klopft ihm auf die Schulter. Der Mann geht nach hinten ab.)*

Wenn alle weg sind, hört der Trommelwirbel auf.

Wrangel *(steckt seine Uhr ein und erhebt sich):* Majestät: Berlin ist ruhig wie ein Dorf. *(Rufend:)* Es lebe: Seine Majestät, der König von Preußen!

Musik Nr. 17:

Das Volk *(im Hintergrund fängt an zu singen)*:

"Es lebe hoch das Vaterland,
Die deutsche Republik!
Heida, juchhe, die deutsche Republik!

Lichtwechsel.

Heida, juchhe, die deutsche Republik!"

13.

Links ganz außen stehen Otto Schneider und Rolf unter einem Regenschirm dicht beieinander in nächtlichem Dunkel.

Otto Schneider: Ich kann Ihnen sagen! Ich zittere.

Rolf: Ja, es ist naßkalt.

Otto Schneider: Nein, vor Empörung. Vor Wut. "Umstritten, eine Legende": der Tag von Langemarck! Und keiner widerspricht.

Rolf: Aber feierliches Schweigen für die Reichskristallnacht.

Otto Schneider: Da war ich schon weg. Aber das ist typisch. Als er anfing, von Descartes zu schwafeln: über einen Franzosen am Tage von Langemarck! So weit sind wir schon!

Rolf: Was war denn da eigentlich? Entschuldigung –

Otto Schneider: Wie bitte?

Rolf: Am Tage von Langemarck: was ist da passiert?

Otto Schneider: So weit sind wir schon: was da passiert ist. Oder das Lied von Langemarck: kennen Sie auch nicht?

Rolf: Ich bin da bestimmt nicht der einzige.

Otto Schneider: Den Eindruck habe ich auch. Da muß was geschehen. Wir müssen handeln. Kommen Sie, wir gehen, es hat nachgelassen.

Sie gehen mit ihrem Schirm an der Rampe entlang nach rechts ins Dunkel.

Otto Schneiders Stimme (aus dem Dunkel): Ich will Ihnen sagen, was Langemarck ist. "Deutschland muß leben, auch wenn wir sterben müssen": das ist Langemarck.

14.

Linke Bühnenhälfte.

Fortsetzung von Szene 11: der Schiller-Chor sitzt noch im Halbkreis.

Dr. Senge: Gut, schreibt das alles auf. Wer ist der Nächste?

Lutz (ist an der Reihe): Ich. Ich möchte doch wieder mal an Schiller erinnern. 1789. Schiller ist Professor an der Universität Jena. Damals ist das ein Posten ohne Gehalt. Ohne Honorar, ein Ehrenamt. Das Einzige, was er bekommen kann, sind Kollegiengelder von den Studenten persönlich. Und am 10. November 1789, an seinem 30. Geburtstag also, bekommt Schiller zum ersten Mal von einem seiner Studenten so ein Kollegiengeld *(von einem Zettel ablesend):* "was mir doch lächerlich vorkam. Zum Glück war der Mensch noch verlegener als ich. Er retirierte sich auch gleich wieder."

Auch dies zum Thema Deutschland am 10. November. Oder Geld und Geist.

Dr. Senge: Wissen Sie, über was er an diesem Tage gelesen hatte? Oder Sie, Frau Stein? Das wäre doch interessant. Aber weiter der Reihe nach: Lena?

Lena: Also 1965: da wurde im holländischen Parlament darüber abgestimmt, ob die jetzige Königin Beatrix, damals 27 Jahre alt und Kronprinzessin, sich mit dem Diplomaten Claus von Amsberg verheiraten dürfe.

Susi: Warum denn nicht?

Lena: Weil er Deutscher war.

Dr. Senge: Wann war das nochmal?

Lena: 1965: zwanzig Jahre nach Kriegsende. Und es hatte in der Bevölkerung zuvor eine große Kampagne gegeben, dagegen zu stimmen: mit Aktionskomitee, mit Unterschriftensammlung, Medienrummel, Petition ans Parlament und was weiß ich.

Susi: Ja, und?

Lena: Na, die Ehe gibt es heute noch. Aber Prinz der Niederlande durfte dieser Deutsche erst werden, als Beatrix schon Königin war, ganze vierzehn Jahre später.

Max Teepe: Ausgerechnet die Holländer. Die haben's grade nötig.

Susi: Was soll das heißen?

Tim: Entschuldigung, darf ich mich mal vordrängen? Aber es paßt so gut, was ich rausgefunden habe. Am 10. November 1918 ist Kaiser Wilhelm II aus Deutschland geflohen.

Max: Emigriert. Ins Exil gegangen: ein Unterschied.

Tim: Na, gut. Und wohin? Nach Holland. Da wurde ihm gleich ein Schloß zur Verfügung gestellt.

Max: Naja, nicht gleich.

Tim: Nein, erst einen Tag später: am 11. November. Einem Deutschen, den der Oberste Rat der Alliïerten vor Gericht stellen wollte: wegen schwerer Verbrechen gegen die internationale Moral. Und wegen Vertragsbruchs. Aber Holland weigerte sich, ihn auszuliefern.

Udo Baum: Wurde Komplize. Obwohl es in New York eine Protestveranstaltung gab, noch am selben 10. November, in der Carnegie Hall: wegen der zehn Millionen Toten, die dieser Kaiser auf dem Gewissen habe. Aber das wurde in Holland überhört.

Max: Moment mal. Aber an der holländischen Grenze, ja? Da mußte der Kaiser sogar seinen Degen abgeben und sechs Stunden warten, zuërst im Freien, bei strömendem Regen, dann im Wartesaal eines Dorfbahnhofes, sechs Stunden lang, bis sein Sonderzug endlich eintraf, in dem er dann aber weiterwarten mußte, den ganzen 10. November lang! Und überall an der Strecke dann von Bauern und Arbeitern angepöbelt und beschimpft: der deutsche Kaiser und König von Preußen!

Tim: Aber Verlierer eines Weltkrieges, den er selbst verschuldet hatte.

Udo Baum: Bloß: deswegen brauchte die Königin von Holland den armen Mann nicht bis Mitternacht zappeln zu lassen!

Max: Aber schon abends gab es dann auf Schloß Amerongen einen Empfang für ihn, in allen Ehren und mit Galadiner für vierzig Gäste in großer Toilette und auf Silbergeschirr aus dem 17. Jahrhundert.

Udo: Und übernachten konnte er wieder standesgemäß: sogar in einem Bett König Ludwigs des Vierzehnten von Frankreich.

Tim: In den Schützengräben schlief man in derselben Nacht noch anders.

Dr. Senge: Richtig, Tim. Aber eigentlich gehört das alles noch zum 9. November, tut mir leid: als Folge seines Rücktritts vom 9. November. Herr Kollege Bickel?

Bickel: Also, das stimmt: Kaiser Wilhelm II. trat schon am 9. November zurück. Aber seine deutschen Kollegen, also die vielen andern regierenden Duodez-Fürsten, Herzöge, Könige, Großherzöge, was weiß ich, so circa zwanzig: die traten fast alle am 10. November zurück. Am 10. November 1918 hörte Deutschland auf, monarchistisch zu sein. Entschuldigung.

Max Teepe: Wie der König von Sachsen an diesem Tage so richtig sagte: "Macht eurn Dreck alleene!"

Dr. Senge: Ab 10. November 1918: schreibt das auf!

Hans: Jetzt bin ich dran.

Anna Stein: Und ich?

Dr. Senge: Ja, Entschuldigung, Frau Stein. Moment mal, Hans, jetzt ist erst mal Frau Stein dran. Ja, Frau Stein: bitte sehr?

Anna Stein: Wie bitte?

Dr. Senge: Jetzt wären Sie dran – also, falls Sie auch was zum 10. November beizutragen haben.

Anna Stein: Zum 10. November? Welchen Jahres?

Dr. Senge: Das ist im Moment egal, es geht hier darum –

Anna Stein: So, das ist egal: dann nehme ich mal 1798: nein, das paßt hier nicht. Besser 1810: da notiert sich Goethe im Tagebuch: "Mittags allein. Abends Theater: Rochus Pumpernickel".

Pause.

Dr. Senge: Aha. Und das wär's?

Anna Stein: Was von 1810 hierher paßt.

Dr. Senge: Interessant. Und was wäre es 1798 gewesen?

Anna Stein: Wieso ausgerechnet 1798? Da war es nur ein einziger Satz, aber den mag ich sehr, aus einem Brief an Schiller: "Man glaubt nicht", schreibt ihm Goethe, "was man deutlich zu sein Ursache hat."

Dr. Senge: Aha. Donnerwetter.

Anna Stein: Aber der paßt hier natürlich wie die Faust aufs Auge.

Dr. Senge: Muß man drüber nachdenken. Eine Denkaufgabe für alle. So, jetzt Hans Riebenbaum: jetzt sind Sie dran.

Hans: Ich möchte gern was vorlesen: nur ganz kurz. *(Er liest aus einem Buch vor:)* "Am 10. November kam der Pastor ins Lazarett zu einer kleinen Ansprache; nun erfuhren wir, daß das Vaterland Republik geworden sei. Es war also alles umsonst gewesen. Kaiser Wilhelm II. hatte den Führern des Marxismus die Hand zur Versöhnung gereicht. Während sie die kaiserliche Hand noch in der Ihren hielten, suchte die andere schon nach dem Dolche. *(In markanter Diktion:)* Ich aber beschloß, Politiker zu werden."

Pause.

Lisa: Was war das denn?

Ruth Blume: Das war Adolf Hitler: "Mein Kampf".

Hans: Genau. Am 10. November 1918.

Dr. Senge: Schreib das auf.

Lutz: Nein, schreib das nicht auf. In der Schillerfeier eines Schiller-Gymnasiums hat das nichts zu suchen.

Max Teepe: Das will ich nicht sagen. 1934 gab es unter Hitler zum 175. Geburtstag eine Reichsschillerwoche, wie es sie seitdem nie wieder gegeben hat.

Udo Baum: Ja, mit Sonderbriefmarken und Jubiläumslotterie.

Otto Schneider: Aber der Höhepunkt von den vielen Schillerfeiern in ganz Deutschland fand damals in Weimar statt. Sechshundert Knaben sangen da unser "Reiterlied", aber mitsamt der letzten Strophe, die wir leider weglassen müssen –

Musik Nr. 1:

Otto Schneider (singt die Schlußzeilen der letzten Strophe des Reiterliedes):
"Und setzet ihr nicht das Leben ein –

Max und Hans (singen mit):
Nie wird euch das Leben gewonnen sein.

Mehrere andere (fallen ein und wiederholen miteinander):
Und setzet ihr nicht das Leben ein –
Nie wird euch das Leben gewonnen sein."

Hans: Super.

Otto Schneider: Und am 10. November selbst fand dann im Nationaltheater Weimar ein Staatsakt der Reichsregierung statt: in Anwesenheit des Führers, im Frack, und mit einer Festrede von Dr. Goebbels, auch im Frack. Er nannte Schiller den "Vorkämpfer unserer Revolution", die eine "Wiedergeburt dieses dichterischen Genies" darstelle.

Max Teepe: Und in München wurde Schillers Geburtstag damals sogar mit dem "Tag der Feldherrnhalle" am 9. November zusammen gefeiert.

Hans: Paßt doch wunderbar, und der Leitartikel des "Völkischen Beobachters" vom 10. November 1934 bezeichnet Schiller als geistiges Mitglied der Nationalsozialistischen Bewegung. *(Ablesend):* "Er ist unser im Willen unseres Führers."

Ruth *(geht akzentuiert hinaus.)*

Lutz: Das reicht jetzt. Aufhören!

Lisa: Herr Oberstudienrat!

Dr. Senge: Nur die Ruhe! Auch das ist 10. November! Auch das ist deutsche Geschichte! Tut mir leid. Und die Konkurrenz in Talberg hat das sicherlich nicht: schreib es auf!

Lisa, Tim, Lutz und andere *(gehen demonstrativ hinaus. Einer spuckt vor Hans aus.)*

Lichtwechsel.

Die andern *(singen im Dunkeln):*

"Und setzet ihr nicht das Leben ein,
Nie wird euch das Leben gewonnen sein."

15.

Rechte Bühnenhälfte.

General Wrangel sitzt noch auf seinem Stuhl, das Volk steht im Hintergrund.

Rechts außen auf einem Stuhl an der Rampe sitzt Dr. Potz-Brosam und schaut zu.

Musik Nr. 18:

Lutherchor *(singt unter der Leitung von Lola Glimpe):*
"Weg mit allen Barrikaden!
Weg mit unsrer Bürgerwehr!"

Eine Deputation von drei Bürgern mit Zylinder tritt zu General Wrangel.

Die Deputation *(singt):*
"Hoch der Herr von Gottes Gnaden!
Hoch sein sieggewohntes Heer!"

Alle *(rufen):* Hoch!

Erster Bürger (Karl Schwangenweiler) *(verliest):* "Berlin, am 10. November 1850. Mit Wirkung vom heutigen 10. November 1850 wird der Königlich Preußische Oberbefehlshaber in den Marken und General der Kavallerie Friedrich Heinrich Ernst Freiherr von Wrangel in Anerkennung seiner vaterländischen Verdienste am 10. November 1848 zum Ehrenbürger der Stadt Berlin ernannt."

Wrangel (erhebt sich).

Erster Bürger (überreicht ihm den Ehrenbürgerbrief.)

Zweiter Bürger (Wolf) (ruft): Der neue Ehrenbürger der Stadt Berlin, unser geliebter Papa Wrangel, er lebe –

Potz-Brosam (springt auf und unterbricht): Ja, stop mal, stop. Ganz nett. Aber langweilig. Interessiert heute keinen Journalisten mehr. Berliner Ehrenbürger ist jetzt George Bush. Übrigens auch ab 10. November. Aber egal. Mal alle herkommen, bitte.

Alle kommen sowieso.

Meine Damen und Herren, inzwischen hat sich alles geändert. Die drüben in Bergtal haben ihre Schillerfeier auf den 9. November ausgedehnt, feiern quasi den Vorabend mit. Damit steht es derzeit 1 : 0 für die in Bergtal. Das dürfen wir nicht auf uns sitzen lassen, auf gar keinen Fall. Ich erteile daher Anweisung, das Martin-Luther-Fest in Talberg auf Luthers Taufe am Sankt-Martins-Tag zu erweitern. Das heißt im Klartext: wir feiern am 10. und 11. November und hätten damit am 11. November die Abschlußfeierlichkeit, also sozusagen das letzte Wort. Publizistisch optimal. Das bedeutet aber für Sie konkret: Material besorgen über den 11. November. Was ist alles am 11. November passiert?

Paul: Am elften November?

Potz-Brosam: Nein, am zehnten und elften.

Paul (mit persifliertem rheinisch velarem L): Am Ellften im Ellften um ellf Uhr ellif –

Potz-Brosam: Ist Karnevals Anfang: fantastisch.

Musik Nr. 19:

Gerda (singt aus "Es ist der Karneval in Sachsen", Leipziger Karneval 1996):
"Am elften Elften geht es los –

Andere (fallen ein): Es kommt Stimmung weit und breit,
Es kommt Stimmung weit und breit – "

Potz-Brosam: Fantastisch. Das ist toll. Die tollen Tage. Das verkauft sich. Da ist Bergtal verloren. Das bringt die Leute alle zu uns. Wolle mer se roilasse?

Musik Nr. 20:

Susi (parodiert den "30. Mai"): "Am 11. November ist Weltuntergang –

Alle (singen mit): Wir leben nicht mehr lang,
Wir leben nicht mehr lang – " *(et cetera)*

Sofort entsteht eine Polonaise, in die sich auch Dr. Potz-Brosam einschleust und die auf karnevalistische Weise singend über die ganze Bühne, dann winkend an der Rampe entlang in die rechte Nullgasse zieht.

Sie wird am Schlagzeug begleitet.

Das Licht blendet weich zur linken Bühnenhälfte über, die inzwischen leer ist.

16.

Otto Schneider, Rolf und Hans kommen mit einem kleinen Tisch und drei Stühlen auf die linke Bühnenhälfte und lassen sich dort nieder.

Sie stellen einen schwarz-weiß-roten Wimpel auf den Tisch.

Otto Schneider: Hiermit eröffne ich die erste Sitzung unseres Langemarck-Vereins und stelle fest, daß hundert Prozent der Mitglieder anwesend sind. Damit sind wir beschlußfähig. Ich bitte, sich von den Plätzen zu erheben.

Alle drei *(stehen auf.)*

Otto *(liest ab):* "Auf den Tod der jungen Kriegsfreiwilligen bei Langemarck. Von Will Vesper.

Wir haben ein Grab gegraben
für lauter junge Knaben;
ist jeder noch ein Kind.

Sie liefen mit Gesange
– es war ihnen gar nicht bange –
weit in den Feind hinein.

Sie trieben ihn über die Eyser.
Da blühten Lorbeerreiser
rings auf dem flandrischen Feld.

Und noch im Taumel des Falles
klang: Deutschland über alles,
über alles in der Welt."

Setzen!

Alle drei *(setzen sich.)*

Rolf: Dieser Will Vesper: war das nicht der Geliebte von Gudrun Ensslin?

Otto: Das war der Sohn. Aber der Vater war einer von uns.

Rolf: Und ist in Langemarck gefallen oder wie? Wann war denn nun das Ganze überhaupt?

Otto: Der "Tag von Langemarck" ist der 10. November 1914, gleich zu Anfang des Ersten Weltkrieges. Also, am gestrigen 9. November war im Indischen Ozean, südwestlich von Sumatra, der erfolgreiche deutsche Kreuzer "Emden" hinterlistig versenkt worden. Noch am selben Abend erließ in Flandern der Oberbefehlshaber der 4. Armee einen Armeebefehl mit dem Wortlaut:

Hans: Auf!

Alle drei *(erheben sich.)*

Otto (verliest): "Der Feind soll am 10. November durch gemeinsamen Angriff der 4. und 6. Armee geworfen werden. Jeder Mann muß wissen, daß von ihm bei diesem Angriff das Höchste erwartet wird." Setzen!

Alle drei *(setzen sich.)*

Otto: Und am 11. November 1914 hatte der Heeresbericht, also sowas wie unsre Tagesschau, den folgenden, klassisch gewordenen Wortlaut:

Alle drei (erheben sich.)

Otto (verliest): "Großes Hauptquartier, 11. November: Westlich Langemarck brachen gestern junge Regimenter unter dem Gesange 'Deutschland, Deutschland über alles' gegen die erste Linie der feindlichen Stellungen vor und nahmen sie."

Alle drei (setzen sich.)

Rolf: Also haben sie diese Schlacht gewonnen oder wie?

Otto: Darum ging es doch gar nicht. Ich möchte hinzufügen, daß das Deutschlandlied damals noch nicht unsre Nationalhymne war. Das wurde sie erst 1922 – eben als "Lied von Langemarck".

Rolf: Soll das heißen: bei den Sozialdemokraten?

Hans: Ich verlese jetzt mal, was Reichsmarschall Hermann Göring über Langemarck gesagt hat.

Otto: Ich erteile Ihnen das Wort.

Hans (erhebt sich; die beiden andern bleiben sitzen.)

Hans (verliest): "Langemarck hat seinen einzigartigen historischen Klang, weil dort die junge Mannschaft sich mit Todesverachtung für Volk und Reich einsetzte. So bedeutet Langemarck Glauben an Deutschland, das von jedem einzelnen größte Opfer verlangen kann. Diesen Glauben hat die junge Generation auch nach dem Kriege bewahrt, darum kam sie, als der Führer rief, und kämpfte furchtlos und treu für unser neues stolzes Reich."

Er läßt seinen Text sinken und hebt den rechten Arm.

Siegheil.

Er setzt sich.

Otto: Ich danke Ihnen und verlese nun selbst die Worte Kaiser Wilhelms II. an den Rest jenes Armeecorps von Langemarck.

Er erhebt sich. Die beiden andern bleiben sitzen.

"Es hat selten etwas einen so tiefen Eindruck gemacht, wie, als in Deutschland bekannt wurde, daß ein Regiment dieses Korps sich mit dem Gesang 'Deutschland, Deutschland über alles' mit gefälltem Bajonett dem Feinde entgegengeworfen hat. Das weiß in Deutschland jedermann. Was ihr geleistet habt, bleibt in der Geschichte eingegraben."

Er setzt sich. Er und Hans schauen Rolf an.

Rolf: Ja, ich weiß nicht: ich habe nur gefunden, was ein gewisser Baldur von Schirach dazu gesagt hat.

Hans: Unser Reichsjugendführer.

Rolf: Keine Ahnung. Der Nachname klingt hebräisch.

Hans: Aber der Vorname ist germanisch. Lesen Sie!

Er und Hans erheben sich.

Rolf *(verliest):* "Ein ewiger Bestandteil des Geschwätzes der Besserwisser ist die Sinnlosigkeit des Opfers von Langemarck. Der Sinn jener sakralen Handlung, die das Sterben der Blüte der Jugend im Sturm auf die Langemarckhöhen bedeutet, ist nicht dem faßbar, der mit dem Rechenstift den Wert einer militärischen Operation verbucht. Schaut auf die Millionen der Jugend: Dies ist die Sinngebung von Langemarck."

Rolf und Hans *(setzen sich leicht verdutzt.)*

Otto: Kameraden: unser Dank ist euch gewiß. Mit Baldur von Schirach kommen wir auch zum letzten Punkt der heutigen Tagesordnung, dem sogenannten Langemarck-Opferpfennig der Deutschen Studentenschaft, den der Reichsjugendführer am Langemarcktage, dem 10. November, 1934 zur "Langemarckspende der deutschen Jugend" erweiterte und zum Grundstock eines Langemarck-Studiums politisch förderungswürdiger junger Männer machte.

Hans: Sowas gibt es heute gar nicht mehr.

Otto: Aber es gibt noch den Ehrenfriedhof von Langemarck mit 45 000 deutschen Soldatengräbern der Flandernschlacht. Die wollen gepflegt werden. Ich stelle daher den Antrag, die deutsche Tradition eines Langemarck-Opferpfennigs in festzulegender Höhe wieder einzuführen und zur allgemeinen Ehrenpflicht zu erklären. Wer stimmt für diesen Antrag?

Nur er selbst hebt die Hand.

33,3 %. Dagegen?

Hans *(hebt die Hand.)*

Otto: 33,3 %. Stimmenthaltung?

Rolf *(hebt die Hand.)*

Otto: Auch 33,3 %. Damit vertage ich diesen Punkt bis zu unserm nächsten Kameradschaftstreffen in vier Wochen. Zum Abschluß singen wir nun gemeinsam das Langemarcklied.

Alle drei *(erheben sich.)*

Otto: Drei - vier:

Musik Nr. 21:

Vera (singt aus dem off): "Im Januar um Mitternacht - "

Lichtwechsel zur rechten Bühnenhälfte.

17.

In einem Spot steht Vera Löblich aus dem Luther-Chor mit einem Stuhl.

Vera *(on, singt weiter):* "Ein Spartakist stand auf der Wacht.
Er stand mit Stolz, er stand mit Recht
Für Luxemburg und auch für Liebknecht."

Uwe Born *(kommt mit Stuhl, singt):* "Und wofür kämpft der Spartakist?
Damit ihr's alle, alle wißt:

Er kämpft für Freiheit und für Recht,
Nicht länger sei der Arbeitsmann ein Knecht!"

Eva Klapp *(kommt mit Stuhl, singt):* "Und alle Menschen, arm und reich,
Sie sollen werden alle gleich;
Daß niemand leidet ferner Not,
Und jeder hat genügend täglich Brot."

Paul Friebe *(bringt einen kleinen Tisch und placiert ihn auf der rechten Bühnenhälfte.)*

Vera, Uwe und Eva *(stellen ihre Stühle um den Tisch.)*

Paul *(holt sich einen Stuhl von der linken Bühnenhälfte.)*

Alle vier *(stehen um den Tisch und singen gemeinsam oder nacheinander):*
"Darum nur kämpft ein Spartakist,
Damit ihr's alle, alle wißt!
Er schwur die Treu' bis in den Tod
Dem schönen Freiheitsbanner purpurrot."

Alle *(setzen sich um den Tisch.)*

Paul *(stellt den roten Wimpel, der mitgebracht auf dem Tisch liegt, aufrecht.)*

Uwe: Willkommen, Genossinnen und Genosse. Ich rede euch gleich so an, weil unsre Martin-Luther-Kantorei nicht zum Karnevalsverein verkommen darf. Protestantisch sein heißt protestieren. Ich für meine Person protestiere dagegen, daß am 11. November der Karnevalsanfang gefeiert wird. Am 11. November wurde 1918 in Berlin von Rosa Luxemburg und Karl Liebknecht der Spartakusbund gegründet: also die erste Kommunistische Partei in Deutschland.

Eva: Und warum hieß sie so komisch?

Vera: Spartakisten gab es doch schon vorher?

Uwe: Ja, die Spartakusgruppe: als Vorläufer.

Paul: Oder "die Spartákusrichtung", lese ich hier. Auch das ging nämlich eigentlich schon am 9. November los.

Eva: Was ging da los?

Paul (in alten Zeitungen blätternd): Naja, am 9. November 1918, da haben am späten Abend Vertreter dieser Spartákusrichtung die Redaktionsräume des "Berliner Lokalanzeigers" besetzt, mein Opa war auch dabei. Das war die reaktionärste Berliner Zeitung und die einzige, die dem Kaiser täglich vorgelegt wurde: aber unausgeschnitten.

Vera: Sowas wie Springer?

Paul: Also, an diesem Abend des 9. November sollte die Zweite Abendausgabe grade gedruckt werden.

Uwe: Sowas gab es damals noch.

Paul: Die Besetzer erklärten die Zeitung zwar zum Eigentum des revolutionären Proletariats, aber konnten bloß noch die Titelseite neu gestalten, alles andre blieb so reaktionär wie es war. Auch die Revolutionäre wollten pünktlich und zuverlässig liefern. Aber so wurde aus dem ollen "Lokalanzeiger" die Nummer 1 der "Roten Fahne", des offiziellen Zentralorgans des

Spartákusbundes, später dann "der kommunistischen Partei Deutschlands": bis Hitler.

Eva: Und was hat das alles mit Sparta zu tun?

Paul: Aber auf dieser ersten Seite ihrer ersten Nummer vom 9. November 1918 schreibt "Die Rote Fahne" unter der Schlagzeile "Berlin unter der roten Fahne" auch folgendes, ganz kurz *(liest vor):* "Der Arbeiter- und Soldatenrat ließ heute nachmittag eine große Anzahl Militär- und Privatautomobile, mit roten Fahnen besteckt, durch die Stadt fahren, um der Bevölkerung die Abdankung des Kaisers mitzuteilen" und so weiter und so weiter. "Vorn auf den Automobilen stand je ein Arbeiter und ein Soldat, die sich die Hand reichten." Ja, und die Nummer 2 der "Roten Fahne" war dann schon insgesamt spartakistisch und erschien am 10. November 1918.

Vera: Also zu Luthers Geburtstag.

Eva: Es heißt doch immer "Wanderer, kommst du nach Spar -" *(Sie stockt.)*

Paul: Und am 10. November schrieb sie unter anderem *(liest vor)*: "Berlin, 9. November. Karl Liebknecht hat auf dem Königlichen Schloß die rote Fahne gehißt. Auch vom Brandenburger Tor weht die rote Flagge. Großer Jubel der Bevölkerung." Mein Opa war da überall dabei.

Vera (die neben Paul sitzt und mitlesen kann): Aber hier, das steht auch drin: "Breslau, 9. November. Rosa Luxemburg ist aus dem Breslauer Gerichtsgefängnis entlassen worden."

Paul: Ja, und in Nummer 3 der "Roten Fahne" stand als Impressum schon "Schriftleitung: Karl Liebknecht und Rosa Luxemburg".

Uwe: Ja, und schon acht Wochen später waren beide erschossen.

Eva: O Gott, von wem denn?

Uwe: Die Schüsse kamen von da: *(er zeigt zur linken Bühnenhälfte.)*

Paul: Wie immer in Deutschland.

Vera: Gar nicht immer. Manchmal schießen auch unsre Leute.

Eva: Zum Beispiel, zum Beispiel?

Vera: Zum Beispiel am 10. November 1974.

Uwe: Fang hier bloß nicht mit Drenkmann an.

Vera: Warum denn nicht?

Eva: Wer ist denn Drenkmann?

Uwe: Ich sage nur: an der Wieskirche in Oberbayern, ja? Da stand an diesem 10. November 1974 der Graffito "Rache für Holger. Amen".

Eva: Und wer ist Holger?

Paul: Das kannst du nicht wissen. Günter von Drenkmann war Kammergerichtspräsident in West-Berlin.

Uwe: Das heißt, der oberste Richter Berlins.

Vera: Aber Mitglied der SPD.

Paul: Und Antifaschist.

Uwe: Aber bei den Nazis Richter geworden, 1937.

Paul: Aber trotzdem nicht als Richter für die gearbeitet.

Vera: Und ein liberaler Jurist, total.

Uwe: Das sagst du. Aber sein Kammergericht hat immer total reaktionäre Urteile gefällt.

Vera: Das sagst du.

Eva: Und was ist nun mit ihm?

Uwe: Hör zu, aus einem Interview im SPIEGEL *(sie liest vor):* "Drenkmann ist nicht oberster Richter einer fast Drei-Millionen-Stadt geworden, ohne Tausenden von Menschen das Leben zerstört, das Recht auf Leben bestritten, sie aufgrund von Paragraphen erwürgt, in Zellengefängnisse gesperrt, ihre Zukunft zerstört zu haben."

Paul: Das kenne ich: O-Ton Baader-Meinhof.

Uwe: Ja, und? Ist es schon deswegen falsch? Geh doch rüber nach Bergtal!

Vera: Sei du nicht so intolerant wie die da.

Paul: Drenkmann war auch nur Zivilrichter. Er hatte mit den Haftbedingungen der RAF-Leute überhaupt nichts zu tun. Dieser Fememord war völlig unlogisch.

Vera: Lynch-Justiz.

Eva: RAF-Leute, RAF-RAF-RAF?

Vera: RoteArmeeFraktion: Baader Meinhof.

Eva: Ach so. Ich versteh überhaupt nichts mehr.

Paul: Holger Meins war einer der RAF-Leute, die im Knast saßen.

Uwe: In Isolationshaft.

Paul: Dagegen machten sie einen Hungerstreik. Daran starb Holger Meins.

Uwe: Er wurde ermordet. Durch Zwangsernährung. Durch systematische Unterernährung bei der Zwangsernährung gezielt hingerichtet: am 9. November.

Vera: Und am 10. November wurde dieser Richter Drenkmann erschossen. Als Rache für Holger.

Eva: Und von wem?

Vera: Von einem Blumenboten der Fleurop: weil er am 9. November Geburtstag hatte.

Eva: Wer jetzt: also, wer hatte am 9. November Geburtstag? Der Blumenbote?

Vera: Nee, dieser Drenkmann.

Eva: Quatsch.

Vera: Aber der Blumenbote war die "Bewegung 2. Juni".

Paul: Die schon bei Springer was hochgehen ließen.

Vera: Ja, und nannten sich selbst eine "Aufbauorganisation" der RAF: alles klar? Man sollte bei unserer Luther-Fête Flugblätter drüber verteilen. Mit diesem Drenkmann fing alles an.

Eva: Was hat denn das alles mit Luther zu tun?

Vera: Sehr viel. Der Anschlag auf Drenkmann wurde in der Berliner Martin-Luther-Straße ausgeheckt.

Paul: Mach keine Witze: gegen unsre Berliner Landeskirche wurde damals in dieser Sache ermittelt. Gegen einen Vikar, eine Pfarrersfrau: Hehlerei oder sowas.

Uwe: "Nichtanzeige eines geplanten Verbrechens".

Eva: Das find' ich toll.

Uwe: Es ist auch lutherisch. Ihr kennt seinen Aufruf "Steche, schlage, töte, wer da kann"?

Paul: Aber nur auf die Bauernaufstände bezogen.

Vera: Nur ist gut.

Uwe: Und wen meint Luther damit: "Warum greifen wir nicht mit allen Waffen an und waschen unsre Hände in ihrem Blut"?

Paul: Naja, den Vatikan: aber das habe er nicht wörtlich gemeint.

Uwe: Aber wörtlich gesagt.

Eva: Warum tretet ihr dann nicht aus bei denen? Ich meine, kann man nicht protestieren, ohne zu schießen? Ich meine, was ich gefunden habe *(entnimmt einem Zettel):* am 10. November 1983 haben in Paris zwölftausend Physiker aus 43 Ländern, darunter 33 Nobelpreisträger einen Aufruf unterzeichnet zur sofortigen Einstellung der Atomrüstung einschließlich Stationierung und Ausprobieren von Kernwaffen. Wenn man diesen Aufruf auf unsrer Luther-Party verlesen würde: ich meine, wäre das irgendwie contra-protestantisch oder sowas?

Paul: Das nicht. Aber auch nicht deutsch genug.

Eva: Ach, gibt es gar keine deutschen Physiker?

Uwe: Ich habe auch noch was Friedliches rausgefunden. Am 11. November 1955 hat unser Zentralkomitee der SED auf seinem 25. Plenum einen Plan zur Wiedervereinigung der DDR mit der Bundesrepublik beschlossen. Am 11. November.

Paul: Zwei Tage zu spät.

Uwe: 1955!

Vera: Ja, und? Drüben abgelehnt oder was?

Uwe: Naja, die Bedingungen, die Pläne, die Ideen.

Vera: Sag schon.

Uwe: Die deutsche Einheit sei kein einfach formaljuristischer Vorgang.

Paul: Sondern?

Uwe: Nur mit einer Bodenreform in ganz Deutschland möglich.

Vera: Ha!

Uwe:: Und alle Grundstoffindustrien müßten Volkseigentum werden.

Eva: Ja, und?

Uwe: Keine kapitalistischen Monopole mehr.

Vera: Wann war das nochmal?

Uwe: Am 11. November 1955.

Pause.

Musik Nr. 22:

Vera (singt): "Darum flattre, rote Fahne -

Eva (singt zum Wimpel): Rote Fahne, fliege hoch!"

Pause.

Paul (singt): "Fort mit allem Zank und Hasse: Deutsche Einheit, lebe hoch!"

Pause.

Musik Nr. 23:

Vera (singt): "Denn unsre Gedanken Zerreißen die Schranken –

Pause.

Uwe: (singt): – Und Mauern entzwei.

Alle (singen): Die Gedanken sind frei!"

Lichtwechsel.

18.

Hinten Mitte tritt Dr. Senge (Schiller-Chor) mit einem jüdischen Leuchter auf hohem Stativ auf und kommt nach vorn.

Musik Nr. 24:

Dr. Senge *(singt):* "Oj, jiddisch -

Von links kommen die Schiller-Choristen Ruth Blume und Lukas Bickel, gehen zum linken Tisch und versetzen ihn zur Bühnenmitte.

Ruth und Bickel *(singen dabei):* Kudaj jiddisch?

Lola Glimpe und Markus Pauli *(beide Luther-Chor, kommen von rechts, rücken den rechten Tisch in Bühnenmitte an den linken heran und singen dabei):*

Satscham jiddisch?

Dr. Senge *(stellt den Leuchter hinter die beiden Tische und entzündet seine Kerzen.)*

Die andern vier *(stellen Stühle um den zusammengestellten Tisch und können dabei mit den Möbeln tanzen.)*

Alle fünf *(singen dabei):* Jiddisch, jiddisch, jiddisch, Jiddisch, jiddisch, jiddisch."

Im folgenden setzen sich alle um den verlängerten Tisch: Dr. Senge zwischen Ruth und Lola hinter den Tisch, Lukas und Markus einander gegenüber links und rechts. Dabei singen sie weiter.

Markus (singt): "Und wenn man denkt,
Denkt man jiddisch.

Ruth (singt): Und as men redt,
Redt men jiddisch.

Alle (singen): Jiddisch, jiddisch, jiddisch,
Jiddisch, jiddisch, jiddisch!"

Dr. Senge: Na, Markus, weißt du, was das heißt: jiddisch?

Markus: Na, jiddisch. Jiddisch ist jiddisch.

Dr. Senge: Richtig. Aber nicht immer. Im Jiddischen hat Jiddisch eine doppelte Bedeutung. Frau Blume?

Ruth Blume: Kudaj jiddisch heißt auch Wohin gehst du?

Lola: Und satschäm jiddisch Warum gehst du?

Dr. Senge: Die ewigen jiddischen Fragen: Warum gehst du? Und wohin gehst du? Liebe ökumenische Brüder und Schwestern aus Bergtal und Talberg: wenn deutsche Juden über den 9., 10. und 11. November beraten sollen, können sie nur von der Reichskristallnacht sprechen. Der Holocaust fing nicht mit der Wannseekonferenz, er fing mit der Reichskristallnacht an.

Lola: Und warum sagen Sie Reichskristallnacht für ein Massaker, einen Massenmord?

Dr. Senge: Weil Massaker und Massenmord nicht erzählen, wer da massakriert, wer da ermordet wurde.

Lola: Und Reichskristallnacht?

Dr. Senge: Reichskristallnacht erzählt: das Reich hat über Nacht sein Kristall zerschlagen. Sein Bestes und Teuerstes. Seine Juwelen geopfert. Vom 9. bis zum 11. November wurden in Deutschland ja nicht nur 267 Synagogen zerstört, also mindestens, und fast alle jüdischen Friedhöfe verwüstet. Nein, außerdem gab es nach deutschem Recht und in der Sprache der deutschen Justiz noch hundertfach und tausendfach Fälle von Einfachem Hausfriedensbruch, Gemeinschaftlichem Hausfriedensbruch und Schwerem Hausfriedensbruch, von Einfachem Landfriedensbruch und Schwerem Landfriedensbruch, von Einfacher Sachbeschädigung und Gemeinschaftlicher Sachbeschädigung, Zerstörung von Bauwerken, Einfacher Brandstiftung und Schwerer Brandstiftung, von Diebstahl, Schwerem Diebstahl und Raub, Bildung Bewaffneter Haufen, Nötigung, Erpressung, Volksverhetzung, Religionsbeschimpfung, Beleidigung, Freiheitsberaubung, Vergewaltigung, von Körperverletzung, Gefährlicher Körperverletzung und Schwerer Körperverletzung, von Totschlag und Mord, also Verstöße gegen die Paragraphen 123, 124, 125, 127, 130, 166, 167, 177, 185, 211, 212, nur Geduld!, gegen 223, 223a, 224, 239, 240, 242, 243, 244, 253 und 303 bis 308 des Strafgesetzbuches im Deutschen Reich.

Auf gut deutsch: es wurden mindestens 7500 Geschäfte geplündert und demoliert, darunter mindestens 29 Warenhäuser, mindestens 177 Wohnhäuser mit einem Sachschaden von mehreren hundert Millionen Reichsmark und Zehntausende von Fensterscheiben im Werte von rund 6 Millionen Reichsmark zerstört.

Mindestens 91 Menschen wurden sofort ermordet, mehr als tausend starben an den Folgen. Rund 30 000 jüdische Männer, aber nur die wohlhabenden, wurden an diesen drei Tagen in sogenannte Schutzhaft genommen und nach Buchenwald, Dachau oder Sachsenhausen deportiert. Wie viele von ihnen dort durch Mord oder Selbstmord ums Leben kamen, ist nicht überliefert. Allein in Buchenwald wurden 68 oder 70 von ihnen wahnsinnig und sofort mit einer Eisenstange totgeschlagen. Bei den Überlebenden hat niemand die bleibenden Gesundheitsschäden an Leib und Seele registriert.

Für alle diese Straftaten hätten nach deutschem Recht damals in den meisten Fällen langjährige Zuchthausstrafen, in etwa hundert Fällen die Todesstrafe verhängt werden müssen. Aber Göring ordnete an, daß erst Parteigerichte darüber entscheiden sollten, ob ein Verfahren überhaupt an die Justiz weitergegeben wird. Tatsächlich hat das Oberste Parteigericht der NSDAP nur sechzehn Fälle untersucht und nur zwei davon an die staatlichen Gerichte überstellt: aber wegen Rassenschande beim Vergewaltigen. In allen andern Fällen wurde der Führer gebeten, jegliche Strafverfolgung niederzuschlagen, da es sich um Befehlsgehorsam gehandelt habe.

Der Führer hat diese Bitte erfüllt.

Liebe Schwestern und Brüder, ich bitte Sie um eine Gedenkminute für die Opfer der Reichskristallnacht.

Alle (erheben sich und schweigen.

Die angemessene Gedenkminute wird von Dr. Senges klingelndem Handy beendet.)

Dr. Senge *(meldet sich):* Ja, ich kann jetzt nicht.

Alle *(außer Ruth setzen sich.)*

Musik Nr. 25:

Ruth *(bleibt stehen und singt):*
"Wenn, wenn, wenn singt a Jid?
Wenn, wenn es hungert ihjm sehr,
es hungert ihjm sehr,
will er doch essen,
singt er a Lied,
damit will er vargessen.
Wenn, wenn, wenn singt a Jid?"

Ruth *(setzt sich).*

Dr. Senge: Danke, Frau Blume. Und jetzt Sie alle, meine Damen und Herren: was schlagen Sie vor, wie wir diesen 9., den 10. und 11. November begehen wollen, bei unsern Feierlichkeiten. Unser Beitrag dazu?

Pause.

Bickel: Ja, hier vielleicht, dieser Telefonanruf beim Bürgermeister von Lesum in der Nacht vom 9. zum 10. November 1938 –

Markus: Wo ist Lesum?

Lola: Bei Bremen. Wo Wümme und Hamme zusammenfließen.

Bickel: Also, tief in der Nacht, das Telefon klingelt:

" – Hier Standarte 411. Haben Sie schon Befehl?
– Nein.

– Großalarm der SA in ganz Deutschland. Wenn der Abend kommt, darf es keine Juden mehr in Deutschland geben.
– Aber was soll denn tatsächlich mit den Juden geschehen?
– Vernichten!"

Der Bürgermeister glaubt das nicht und ruft die SA in Bremen an:

" – Ich habe hier so einen verrückten Befehl. Hat das seine Richtigkeit?
– Jawohl. In Bremen ist schon die Nacht der langen Messer im Gange. Die Synagoge brennt bereits."

Lola *(verteilt eine Fotokopie an die vier andern):* In derselben Nacht notierte sich der SA-Oberstabsführer Römpnagel einen Anruf des SA-Gruppenführers Nordsee namens Böhmcker. Nur ein paar Sätze herausgegriffen: "Sämtliche jüdischen Geschäfte sind sofort zu zerstören."

Dr. Senge *(liest ab):* "Synagogen sind in Brand zu stecken."

Lola *(liest ab):* "Die Feuerwehr darf nicht eingreifen."

Markus *(liest ab):* "Sämtliche Juden sind zu entwaffnen. Bei Widerstand sofort über den Haufen schießen."

Bickel *(liest ab):* "Die Polizei darf nicht eingreifen. Der Führer wünscht, daß die Polizei nicht eingreift."

Ruth *(liest ab):* "Die Presse ist heranzuziehen."

Markus: Und dabei immer diese Sprechchöre, also gegrölt *(er skandiert)*: "Raus mit den Juden!", "Juda verrecke!", "Schlagt die Juden tot!"

Dr. Senge: Das vielleicht. Mach dir eine Liste, Markus.

Ruth: Aber schreib auch auf, was die Juden rufen mußten: "Wir Juden sind an allem schuld!" oder "Ich bin ein Saujude!" oder "Ich bin ein Rasseschänder!".

Bickel: Andre mußten dabei das Horst-Wessel-Lied singen, immer wieder: "Die Fahne hoch!"

Lola: In Baden-Baden mußten andre vorher vom Gebetspult aus die Judentexte aus "Mein Kampf" vorlesen und wurden dabei geschlagen.

Ruth: Andre mußten die Thorah-Rollen zerschneiden und verbrennen.

Dr. Senge: Man muß erklären: der 9. November war damals Nationalfeiertag, der "Tag der Bewegung", also das peinliche Fiasko der Nazis vor der Feldherrenhalle in München, und manche von der SA waren darum ein bissel beschwipst, vor Feiertagsfreude.

Bickel: Im oberfränkischen Lichtenfels wollte eine jüdische Frau aus der brennenden Synagoge die Kultgegenstände retten und wurde dabei von Kindern getötet, die dann mit den Gebetbüchern Fußball spielten.

Dr. Senge: Ja, grade auf dem Lande wurde die Aktion vielfach von der Hitler-Jugend ausgeführt oder von ganzen Schulklassen, Acht- bis Vierzehnjährigen, oft von den Lehrern angeleitet.

Lola: Aus Oppeln in Oberschlesien wird am 11. November ein Bericht des SS-Abschnitts XXIV an den SS-Oberabschnitt Südost nach Breslau geschickt. Darin heißt es: "Die Stimmung des Volkes war überall für die Aktion. Das Ansehen der SS hat dadurch sehr gewonnen. Die Aktion selbst hat allen Männern und Führern große Freude gemacht. Derartige Befehle können öfter erteilt werden."

Ruth: Und in Talheim hat der Bürgermeister am Tag danach einen Anschlag am Schwarzen Brett befestigen lassen: "Wer jetzt noch Verkehr mit Juden pflegt, wird öffentlich am Judenpranger angeschlagen"

Lola: Wo: bei uns in Talberg?

Ruth: Na, vielleicht auch hier: genauso wie in diesem Talheim bei Heilbronn. Denn "Jedes Verweilen von Juden auf öffentlichen Straßen und Plätzen oder in der Nähe von solchen", hieß es an diesem 11. November in vielen Orten, "hat fortan zu unterbleiben."

Markus: Aber am 10. November hat Dr. Goebbels in Berlin eine Pressekonferenz gegeben: für ausländische Journalisten, die das ganze Massaker miterlebt hatten. Er teilte ihnen mit: "Alle Berichte über Zerstörung von jüdischem Eigentum sind erstunken und erlogen. Den Juden wurde kein Haar gekrümmt!"

Dr. Senge: Er hat auch gesagt, aber wörtlich: "Da haben sich die kleinen Leute endlich mal wieder ordentlich ausstatten können: Damenpelze, Teppiche, kostbare Stoffe – alles gab es umsonst. Die Menschen waren begeistert! Ein großer Erfolg für die Partei."

Lola: Ja, und in München fand eine katholische Messe statt, während die Synagogen schon brannten, und der Geistliche predigte über Matthäus 6, Vers 10: "Dein Wille geschehe", und über Matthäus 27, Vers 25, daß das Blut Christi über die Juden kommen werde, das sei jetzt so weit: genau am 10. November 1938.

Bickel: Moment mal, Frau Kollegin: schon vierzehn Tage später gab der Evangelische Landesbischof von Eisenach, Martin Sasse, ein Buch heraus und schrieb persönlich im Vorwort folgendes: "Am 10. November 1938, an Luthers Geburtstag, brennen in Deutschland die Synagogen. In dieser Stunde muß die Stimme des Mannes gehört werden, der als der Deutsche Prophet im 16. Jahrhundert der größte Antisemit seiner Zeit geworden ist."

Lola: Wir wissen das natürlich.

Bickel: Der Titel dieses Buches, das nur aus Luther-Zitaten besteht, lautet: "Martin Luther über die Juden: Weg mit ihnen!" So: jetzt sind Sie dran.

Lola: Wir kennen Luthers Schrift "Von den Juden und ihren Lügen", die scheinbar antisemitisch ist.

Bickel: Scheinbar? Der Jude sei der leibhaftige Teufel, steht da drin, und nach Vorwürfen, die wirklich unglaublich aggressiv sind, kein Schimpfwort fehlt, verlangt er dann wörtlich, "daß man ihre Synagogen mit Feuer anstecke" –

Lola: Weiß ich doch –

Bickel: – "daß man ihre Häuser zerbreche und zerstöre", wörtlich –

Lola: Einen Moment!

Bickel: – "ihre Gebetbücher wegnehme, ihnen die Straßen verbiete und keinen Schutz gewähre" –

Lola: Aber in den "Tischreden" sagt er, genau so wörtlich: "Juden sind die ärmsten Leute unter allen Völkern auf Erden, werden überall geplaget, müssen immer besorgen, man treibe sie aus, haben weder Land noch Leute – "

Bickel: Aber in denselben "Tischreden" sagt er, genau so wörtlich: "Wenn ich einen Juden taufe, will ich ihn an die Elbbrücke führen, einen Stein um den Hals hängen, ihn hinabstoßen und sagen 'Ich taufe dich im Namen Abrahams'."

Lola: Aber sowas ist immer theologisch bei ihm, nie rassistisch, Religion!

Bickel: Die Religion der Nazis.

Lola (springt auf): Vielleicht noch etwas besser als die Religion des Vatikans!

Bickel (springt auf.)

Lola: Martin Luther sagt auch: "Die Papisten haben sich so aufgeführt, daß ein guter Christ wohl ein Jude werden könnte, und wenn ich ein Jude wäre, ich eher eine Sau geworden wäre als ein Christ."

Bickel: Jetzt reicht es aber: ich gehe.

Er will gehen.

Musik Nr. 26:

Ruth (singt): "Lomir sijch varsejnen, varsejnen,
Genug schoin sain wir Feinde,
Genug schoin sain wir Feinde,
Lomir sijch varsejnen,
Verlorne Zeit ist Sünde!"

Die andern (singen die Wiederholungen mit.)

Alle (setzen sich wieder. Pause.)

Dr. Senge: In der Reichskristallnacht haben sich die obersten Nazis auch so zerstritten. Der Goebbels hat das Ganze befohlen, aber der Göring und der Himmler fanden es falsch. Da hat der Hitler am 10. November 1938 ein Machtwort gesprochen und den Göring zum Beauftragten der Judenpolitik ernannt, und so hat der Göring sofort, schon am 11. November für elf Uhr eine Konferenz einberufen, da haben sie sich wieder vertragen und Pläne gemacht, dagegen ist die Kristallnacht ein Zuckerschlecken. Gottseidank gibt es ein Stenogramm von dieser Konferenz beim Göring. Ich denke, bei unserm Schiller- und Lutherfest wollen wir dieses Protokoll mit verteilten Rollen vorlesen wie ein Theaterstück. Hier sind Ihre Rollen.

Er verteilt Manuskripte.

Herr Kollege Bickel: Sie lesen bitte den Dr. Goebbels, und du, Markus, den SS-Obergruppenführer Heydrich.

Markus: War der nicht selber Jude?

Ruth: Das ist umstritten, aber möglich.

Bickel: Der Hitler, der Himmler und er selbst gingen davon aus.

Dr. Senge: Reichswirtschaftsminister Funk ist leider die liebe Frau Blume, und Lola: Sie sind Reichsinnenminister Frick. Ach so, und den Göring: den lasse ich mir nicht nehmen. Er eröffnet die Sitzung:

"Meine Herren, ich habe einen Brief bekommen, den mir Stabsleiter Bormann im Auftrag des Führers geschrieben hat, wonach die Judenfrage jetzt so oder so zur Erledigung zu bringen ist. Durch telefonischen Anruf bin ich gestern vom Führer noch einmal darauf hingewiesen worden, jetzt die entscheidenden Schritte zentral zusammenzufassen.

Da das Problem in der Hauptsache ein umfangreiches wirtschaftliches Problem ist, wird hier der Hebel angesetzt werden müssen. Bei der Arisierung der Wirtschaft ist der Grundgedanke folgender: Der Jude wird aus der Wirtschaft ausgeschieden und tritt seine Wirtschaftsgüter an den Staat ab. Darüber fallen jetzt Entscheidungen, aber Schlag auf Schlag ... "

Während er weiter liest, kommen möglichst geräuschlos

Hans und Rolf, beide Schiller-Chor, von links,

Karl und Götz, beide Luther-Chor, von rechts,

Wolf (Luther-Chor) und Susi (Schiller- und Luther-Chor) von hinten.

Ihre Kleidung besteht uneinheitlich aus Bomberjacken, Braunhemden oder "Holzfällerhemden" mit Hakenkreuzen, Runen, Totenköpfen, aus Stiefelhosen, kurzen Hosen, Schulterriemen, Koppelschlössern, Springerstiefeln, Schaftstiefeln. Einzelne Sonnenbrillen, ein Stirnband, eine Schiebermütze, Strumpfmasken, Kapuzen. Sie sind mit Holz- und Gummiknüppeln, mit Eisenrohren und Peitschen bewaffnet.

Sie nähern sich lautlos der Judengruppe, umzingeln sie unbemerkt und bleiben abwartend stehen.

Dr. Senge *(liest ahnungslos den Göring-Text weiter):* "Jetzt kommen die Schäden, zunächst die Schäden, die der Jude gehabt hat, daß bei Marggraf die Juwelen verschwunden sind usw. Die sind weg und werden ihm nicht ersetzt. Den Schaden hat er. Nun kommen die Waren, die auf die Straße geschmissen worden sind, geklaut worden sind, verbrannt sind. Auch den Schaden hat der Jude. Ganz klar. Der Arier kann keinen Schaden anmelden, weil er keinen hat. Der Jude ersetzt. Der Jude muß den Schaden anmelden. Er kriegt die Versicherung, aber die wird beschlagnahmt."

Hans *(pfeift spätestens jetzt auf einer Trillerpfeife.)*

Dr. Senge *(bricht ab.)*

Alle Juden *(horchen auf.)*

Hans *(skandiert):* Ju - da verrek - ka!

Alle Neo-Nazis *(skandieren):* Ju - da verrek - ka! Ju - da kaput - ta! Ju - da verrekk - a! Ju - da kaput - ta! *(Et cetera.)*

Die Juden *(springen auf.)*

Hans: Wir kriegen euch alle. Hetz!

Die Neo-Nazis *(jagen hinter den flüchtenden Juden her. Da diese dabei Haken schlagen, entsteht die Choreographie einer Hasenjagd über die ganze Bühne):* Hetz! ... Hetz! ... Hetz! ... Hetz!

Wolf *(hat den jüdischen Leuchter ergriffen und will ihn als Schlagwaffe benutzen. Er verfolgt damit Ruth bis außerhalb der Bühne. Von dort hört man das Gepolter des als Wurfgeschoß benutzten Leuchters und gleichzeitig Ruths Aufschrei.)*

Einen Augenblick mag die Bühne leer sein.

Nur Susi ist noch allein auf der Bühne. Sie zieht ein Handy und wählt eine lange Durchwählnummer mit Vorwahl.

19.

Da kehren die Neo-Nazis triumphierend zurück.

Susi steckt ihr Handy wieder ein.

Je zwei von den Neo-Nazis rücken die beiden zusammengeschobenen Tische wieder auseinander, zwei andere bringen von hinten einen dritten Tisch mit Bierdosen-Paletten, den sie zwischen die beiden andern Tische stellen, die dann wieder herangerückt werden.

Die sechs Neo-Nazis stehen um diesen verlängerten Tisch.

Während alles dessen gröhlen sie ein Lied:

Musik Nr. 27:

"Es zittern die morschen Knochen
Der Welt vor dem großen Krieg.
Wir haben den Schrecken gebrochen,
Für uns war's ein großer Sieg.
Wir werden weiter marschieren,
Bis alles in Scherben fällt.
Denn heute gehört uns Deutschland
Und morgen die ganze Welt."

(Gegebenenfalls Wiederholung des zweiten Teils.)

Hans (schließt nahtlos an den Gesang an): Kameraden! Ich eröffne unser heutiges Kameradschaftstreffen mit einem dreifachen

Alle (heben den rechten Arm zum Hitler-Gruß): Siegheil! Siegheil! Siegheil!

Karl: Deutschland erwache!

Hans: Unser heutiges Kameradschaftstreffen stelle ich unter ein Motto unseres Nationalschriftstellers Friedrich von Schiller: "Unsre Sprache wird die Welt beherrschen."

Karl: Oder unser Geld.

Hans: Setzen!

Alle (setzen sich um den Tisch und greifen sofort zu den Bierdosen, öffnen und leeren sie im folgenden.)

Hans: Kameraden! Wir haben die nationale Pflicht, die Feierlichkeiten zum 9. November nicht den jüdischen Kommunisten zu überlassen. Der 9. November ist als Schicksalstag der deutschen Geschichte ein nationalsozialistischer Nationalfeiertag. Kameraden! Die Reichskristallnacht darf nicht den Juden gehören. Sie ist und bleibt ein heldenhaftes Aufbegehren des deutschen Volkes. Wie also wollen wir sie feiern? Ich bitte um Vorschläge. Bereichsleiter?

Karl: Ich schlage vor, daß wir die Reichskristallnacht feiern, indem wir sie einfach fortsetzen. Also wiederholen. Den Juden plattmachen. Wir sind Deutsche.

Götz: AdF!

Alle (stoßen an): AdF!

Sie trinken.

Wolf *(meldet sich zu Wort.)*

Hans: Obersturmbannführer?

Wolf: Wir dürfen diese Judenschweine auch nicht zu wichtig nehmen. Ehre nur, wem Ehre gebührt. Denn der 9. November ist für einen Deutschen zuërst mal der "Tag der Bewegung", der "Marsch zur Feldherrnhalle", der "Tag von München 1923" –

Hans: Dr. Goebbels nennt ihn Totentag.

Rolf *(hat währenddessen auf dem Tisch im Protokollmanuskript der Göring-Konferenz geblättert):* Was ist das denn? Die Langnasen haben hier was liegen lassen. Alle mal herhören *(liest vor):* "Generalfeldmarschall Göring Doppelpunkt: 'Ich werde den Wortlaut wählen, daß die Juden in ihrer Gesamtheit als Strafe für die ruchlosen Verbrechen usw. usw. eine Kontribution von 1 Milliarde Reichsmark auferlegt bekommen. Das wird hinhauen. Im übrigen muß ich noch einmal feststellen: Ich möchte kein Jude in Deutschland sein.' "

Hans: Ich auch nicht.

Alle (außer Susi lachen sich tot, stoßen an, sagen AdF! *und trinken.)*

Karl: Euer Schiller von Bergtal übrigens: dem sein Sohn Ernst war Judenfreund. Hab' ich mir extra notiert *(ablesend):* " ... weil ich durchgängig alle Juden und Jüdinnen liebe. Ich möchte mit ihnen Jerusalem wieder erobern."

Hans: Ja, und? Das will ich auch.

Die andern *(außer Susi lachen gröhlend.)*

Karl: Aber der wollte auch eine Jüdin heiraten.

Rolf: Aber die Mutter hat ihm das gleich verboten: kommt gar nicht in Frage, mein Junge!

Karl: Aber bei euerm Vater Schiller gibt es keinen einzigen antisemitischen Satz: sagt sogar Mathilde Ludendorff!

Rolf: Und euer Martin Luther sagt *(ablesend):* "Wir haben die Juden lieb" –

Karl: Moment mal.

Rolf: Ja, Moment: "Wem wollte es nicht wehe tun, daß ein so großes, herrliches Volk sollte so jämmerlich umkommen und verloren werden."

Karl: Also, Luther hat ein ganzes Buch geschrieben: "Von den Juden und ihren Lügen", da drinnen –

Wolf: Und euer Schiller war auch nicht reinrassig.

Hans: Schnauze.

Wolf: Ein nordisch-dinarischer Mischling.

Hans: Ich beënde und entscheide diesen Kampf mit einem Wort unseres geliebten Führers Adolf Hitler zu diesem Thema: "Es kann nicht zwei auserwählte Völker geben. Wir sind das Volk Gottes." Siegheil.

Alle andern: Siegheil.

Götz: AdF!

Alle (stoßen an): AdF!

Rolf (immer noch im Göring-Protokoll lesend): Das ist so geil: hier in diesen Judenakten. Jetzt "Dr. Goebbels Doppelpunkt: 'Ich bin der Meinung, daß es nicht möglich ist, Juden neben Deutsche in Varietés, Kinos oder Theater hineinzusetzen. In deutschen Theatern haben sie nichts mehr verloren.' "

Götz: Wieso auch? AdF!

Alle (mechanisch): AdF!

Rolf: Es geht noch weiter so: "Dann muß eine Verordnung herauskommen, daß es den Juden verboten ist, deutsche Bäder, Strandbäder und deutsche Erholungsstätten zu besuchen."

Götz: Kann nur gesund sein. Spitzenmäßig.

Rolf: Oder das hier: "Ich halte es für ausgeschlossen, daß mein Junge neben einem Juden im deutschen Gymnasium sitzt und deutschen Geschichtsunterricht erteilt bekommt."

Die andern (gröhlen.)

Rolf (überschreit sie lesend): "Ich halte es für notwendig, daß die Juden absolut aus den deutschen Schulen entfernt werden." Reichsleiter: damit fangen wir gleich im Schillergymnasium Bergtal an. Wir machen es judenfrei.

Götz: Kann nur gesund sein.

Wolf: Talberg ist schon judenfrei.

Götz: Und eure Lola Glimpe?

Hans: Ich befehle, daß wir zur Tagesordnung zurückkehren. Unser Thema ist die Gestaltung der Reichskristallnachtgedenkfeier.

Rolf: Aber was ich hier vorlese, ist doch Kristallnacht. Ich schlage vor, das lesen wir da gemeinsam vor, mit verteilten Rollen.

Wolf: Also, wenn unser geliebter Führer ab der Machtergreifung bis zu seinem Heldentod jedes einzelne Jahr den 9. November 1923 ganz groß gefeiert hat, dann ist es unsre verdammte Pflicht und Schuldigkeit, das auch zu tun. Ich beantrage eine Dienstreise nach München. Im Oktober.

Hans: Abgelehnt. Stattdessen beginnen wir mit dem Nachweis, daß die Reichskristallnacht eine heimtückische Eigeninszenierung des Weltjudentums war.

Susi: Wieso das denn?

Karl: Der Jude hat auch den Krieg im Osten angefangen.

Wolf: Warum wird er denn überall gejagt: weil er böse ist.

Götz: Kommt so auch über Internet.

Hans: Ich sage nur Herschel Grynszpan.

Götz: Wer ist denn Herschel Grynszpan?

Hans: Ein Judenlümmel von siebzehn Jahren, ganze einsfuffzig groß, aber hat sich erdreistet, in Paris auf den Deutschen Legationsrat und Parteigenossen Ernst vom Rath zu schießen: mitten in der Deutschen Botschaft.

Rolf: Und warum?

Hans: Na, im Auftrage des Weltjudentums natürlich. Der Legationsrat verschied dann pünktlichst am 9. November 1938.

Karl: Rache.

Hans: Genau. Das war auch damals ein einziges gesundes Gefühl im ganzen deutschen Volk: Rache für Ernst vom Rath!

Alle: Rache für Ernst vom Rath.

Wolf: Übrigens Frankreich: da haben unsre Freunde 1974 genau vom 9. bis 11. November die rechtsnationale Partei "Neue Kräfte" gegründet: CICPN – sicher im Gedenken an diesen feigen Meuchelmord in unsrer Pariser Botschaft.

Karl: Den Erbfeind bewundert man nicht, man schlägt ihn.

Götz: Deutschland erwache.

Karl: Am 10. November 1991 war ich in Weinheim an der Bergstraße persönlich anwesend, wie unser Parteigenosse Fred A. Leuchter als Sachverständiger aus den Jew-SA mit seinem Forschungsbericht die Auschwitz-Lüge demontierte.

Susi: Wie heißt der: Armleuchter?

Einige (lachen, andere gar nicht.)

Wolf (eisig): Das ist ein hauptberuflicher Spezialist für Hinrichtungsstätten: guter Mann. Ein Profi.

Karl: Hat wissenschaftlich nachgewiesen, daß es in Auschwitz gar keine Anlagen zur Massenvergasung von Menschen gegeben hat.

Wolf: Leider nicht.

Götz: Gebt uns ein zweites Auschwitz!

Hans, Karl, Wolf und Götz *(halten wie auf Kommando ihre Hände als Eselsohren an den Kopf und wiehern eselartig im Chor):* Iaah! Iaah! Ich Esel glaube immer noch, daß in Auschwitz Juden vergast wurden! Iaah! Iaah! Iaah!

Sie lachen sich tot.

Musik Nr. 28:

Götz *(singt nach der Melodie "Ein Vogel wollte Hochzeit machen"):*

"In Auschwitz ist die Stimmung toll:
Die Öfen sind bald wieder voll –

Alle *(außer Susi singen mit):* Fiderallalah! Fiderallalah! Fiderallallallalah!"

Hans *(beim Singen):* Mitsingen, Susi!

Susi *(mit Ton und Geste eines Trinkspruchs):* KdF! KdF!

Hans *(verweisend):* Das heißt nicht KdF. Das heißt AdF.

Götz: Mit A wie Arsch.

Karl: Nein, wie Adolf.

Susi: Und was heißt das: Adf?

Götz: Na, was wohl: Auf die Frauen!

Alle (machen Koitus-Pantomimen und lachen sich tot.)

Götz: Kann nur gesund sein!

Hans (zu Susi): AdF heißt natürlich Auf den Führer. Also, los: AdF! *(Schreit sie an:)* AdF!

Susi (nach einer Sekunde Zögerns): AdF!

Alle (stoßen an): AdF! AdF!

Wolf (erhebt sich leicht schwankend zu einer Rede): Kameraden! Nationalsozialisten und Nationalsozialistinnen:

Götz: Huch!

Alle (lachen.)

Wolf (in Hitlers Diktion): "Die jetzt noch lachen, werden es vielleicht in einiger Zeit nicht mehr tun." Denn am 9. November 1923 hat unser geliebter Führer von München aus den Reichspräsidenten Ebert und alle andern Novemberverbrecher der jüdischen Reichsregierung in Berlin für abgesetzt erklärt.

Karl: Und sich selbst zum Reichskanzler.

Hans: Das war schon am 8. November und gilt darum leider nicht mehr.

Wolf: Aber der Marsch zur Feldherrnhalle: der war am 9. November und gilt.

Hans: Aber hat uns sechzehn Tote gekostet.

Götz: Bloß sechzehn?

Wolf: Moment mal. Das waren keine Toten, ja? Sondern Blutopfer. Ihr Blut hieß später das "Taufwasser des Dritten Reiches". Ihnen zu Ehren hat der Führer dann für alle Blutzeugen den Blutorden gestiftet, ja?

Karl: Und die Blutfahne! In Weimar!

Wolf: Genau. "Die Fahne, schwer vom Blute, senkt ihr Haupt ...
Wer seiner Fahne dient, stirbt nie.
Das eine, einzige große Wunder lebt,
Wenn wir nur wahrhaft glauben."

Götz: Ist das von Martin Luther?

Wolf: Nein, von Herbert Böhme.

Götz: Kenn' ich nicht.

Rolf: Ich kenne nur Friedrich Schiller: "Nichtswürdig ist die Nation, die nicht ihr Alles freudig setzt an ihre Ehre."

Wolf: Genau.

Rolf und andere blättern und lesen ab jetzt im Göring-Protokoll.

Wolf: Ich schlage also vor, daß wir den 9. November genau so feiern, wie der Führer ihn jedes Jahr in München gefeiert hat: mit Fackelzug und Opferschalen und Pylonen und Choralgesang und sechzehn Sarkophagen und Treuegelöbnis und Vereidigung aller Rekruten der Leibstandarte SS Adolf Hitler auf diesem Platz des Todes als Schwurstätte des Lebens *(in Hitlers Diktion)*: "Ich verlange von euch, daß ihr euer Leben hingebt so wie die sechzehn, weil es nicht wichtig, daß auch nur einer von uns lebt, Sterben oder Nichtsterben ist bedeutungslos, aber notwendig, daß auferstehen wird ein Deutschland der Macht und der Größe, der Freiheit und der Herrlichkeit. Amen!"

Götz: Aber das ist von Martin Luther.

Wolf: Nein, von Adolf Hitler. Siegheil.

Einige andere: Siegheil. Siegheil.

Hans: Aber Gauleiter: Sie wissen, daß der Führer zwei Tage später in Uffing am Staffelsee verhaftet wurde, am 11. November, und in den Knast kam.

Wolf: Jawoll, Reichsleiter, aber als Märtyrer. Ich weiß auch, daß die NSDAP damals verboten wurde, noch am 9. November 1923 mit Plakaten an allen Litfaßsäulen: ja, und? Da kann ich nichts weiter sagen als: Na und?

Karl: Die Auschwitzlüge ist auch verboten. Na und?

Alle (schreien vor Lachen.)

Wolf: Wir können ja drüber abstimmen, ob wir den 9. November 1923 oder 1938 wiederholen wollen.

Karl: Beide.

Hans: Hier wird überhaupt nicht abgestimmt. Ihr seid hier nicht bei den Demokröten.

Susi (will ablenken und liest aus dem Göring-Protokoll vor): Hier, das ist ja auch Wahnsinn: "Göring Doppelpunkt: 'Der Jude muß doch Lebensmittel, muß Strümpfe kaufen können.' ". Hierauf "Heydrich Doppelpunkt: 'Es muß entschieden werden, ob man das will oder nicht.' "

Alle (gröhlen vor Begeisterung.)

Götz: Das ist so gesund, das ist so supergesund!

Rolf: Ich will es hier auch wieder so KZmäßig, daß die Leute da reinkommen, ab an die Wand und weg, erledigt, so will ich das hier.

Hans: Moment mal. Das Geheimnis unsres politischen Erfolges ist doch der Einsatz der Massenmedien. Wer an ein Tabu rührt, hat sofort überall Schlagzeilen oder Interviews.

Götz: Oder Talk-Shows.

Hans: Genau. Und Tabus liegen in Deutschland auf der Straße herum: Vergasungsschwindel, Kriegsschuldlüge, die geschichtliche Größe Adolf Hitlers. Das bringen wir alles ins Fernsehn.

Götz: Kann nur gesund sein: Siegheil.

Rolf (noch im Göring-Protokoll lesend): Oder das hier: "Dr. Goebbels Doppelpunkt: 'Ich bin der Meinung, daß die Juden ihre angebrannten Synagogen selbst zu beseitigen und der deutschen Volksgemeinschaft als fertige Parkplätze zur Verfügung zu stellen haben. Die Juden müssen das bezahlen.' "

Alle (lachen sich tot und applaudieren.)

Götz: Goebbels, wir lieben dich!

Karl: Seine Frau, Frau Dr. Magda Goebbels, hat übrigens auch am 11. November Geburtstag.

Götz: Magda, wir lieben dich.

Karl: Als der Doktor von der Kristallnacht nach Hause kam, völlig erschöpft natürlich, notierte er im Tagebuch: "Magda feiert ihren Geburtstag sehr still. Es ist sehr nett. Die Kinder führen ein herziges kleines Theaterstück auf.' " Wie wäre es denn damit, Reichsleiter: dies Theaterstück der Goebbels-Kinder zu unsrer Lutherfeier?

Götz (skandiert): Goeb - bels, wir lieben dich!

Alle oder viele (fallen ein): Goeb - bels, wir lieben dich! Goeb - bels, wir lieben dich!

Musik Nr. 29a + b:

Götz (singt): "Ein Jude steht im Walde, ganz still und stumm.
Da kommt der Dr. Goebbels und haut ihn um.
Wo mag jetzt der Jude sein –

Alle (singen nach): Wo mag jetzt der Jude sein –

Götz (singt): Dem er schlug den Schädel ein –

Alle (singen nach): Dem er schlug den Schädel ein –

Götz (singt): Wo nur mögen alle diese Juden sein?"

Alle wiederholen das Lied, manche intonieren dahinein:
" ... Wir halten zusammen, ob lebend, ob tot,

Mag kommen, was immer da wolle!
Warum jetzt noch zweifeln, hört auf mit dem Hadern,
Noch fließt uns deutsches Blut in den Adern:
Volks ans Gewehr! Volk ans Gewehr!"

Dabei stehen sie auf, heben den rechten Arm zum Hitlergruß und bewegen sich in einer alkoholisierten Vermischung von Marsch, Polonaise, Getorkel und gröhlendem Rock oder Disco.)

Susi *(isoliert sich, bleibt zurück und telefoniert unhörbar in ihr Handy.)*

20.

Aus der linken Nullgasse kommen währenddessen schnell, wortlos und überfallartig alle Männer des Schillerchores. Sie stellen links und rechts ganz außen je zwei kleine Tische an die Rampe, verlegen Telefonkabel zwischen den Tischen und stellen (altmodische) Telefonapparate auf.

Sie nehmen auch zwei Tischchen von den Neo-Nazis und placieren sie isoliert in Bühnenmitte vorn, bestücken und verkabeln sie gleichfalls mit antiken Telefonen.

Währenddessen verlassen Karl, Wolf und Götz johlend und marschierend die Bühne.

Hans und Rolf mischen sich unter die andern Schiller-Choristen.

Susi telefoniert so lange wie möglich.

Inzwischen sind auch die Frauen des Schiller-Chores aus der linken Nullgasse aufgetaucht, Ruth mit einem Kopfverband.

Lisa gibt ihren männlichen Kollegen einige gestische Anweisungen. Sie überwacht deren ganze Aktion.

Lisa: So, das ist okay. Jetzt alle mal herhören, bitte, hallo!

Alle *(wenden sich ihr zu.)*

Susi *(ist in der so entstehenden Stille plötzlich vernehmbar, wie sie in ihr Handy spricht):* Ja, das ist logisch: ich bleibe am Ball, hier fängt grade eine Theaterprobe an, ich melde mich dann ...

Lisa: Susi? Kannst du jetzt wo anders telefonieren?

Susi *(ins Handy):* Ich muß aufhören. Ja, ich melde mich dann, logisch. Ciao.

Lisa: Danke, okay. Also, meine Lieben. Wir proben heute nur die Szene 9. November 1918, ohne Vorlauf, ohne Anhang, nur direkt den 9., aber möglichst mal ohne Unterbrechung, einfach erst mal laufen lassen: egal, was passiert und auf Deibelkommraus. Alles klar? Also, auf die Plätze! Ich guck auch gar nicht hin.

Lutz: Wehe!

Lisa: Nee, ich versteck mich irgendwo.

Otto: Moment mal, Lisa: ist das hier jetzt die Reichskanzlei?

Lisa: Nee, daneben, der andre Tisch, in der Mitte. Das hier ist Spa, das Große Hauptquartier der Heeresleitung. Daneben die Kaiservilla in Spa. Und da drüben der Reichstag. Also, zwei Tische sind Berlin, und zwei sind Spa. Und ganz außen rechts ist Potsdam. Alles klar?

Otto: Alles klar.

Tim: Und was ist mit Compiègne? Wo wäre hier eigentlich Compiègne?

Lisa: Naja, da tut sich am 9. nicht viel.

Tim: Also, entschuldige mal, da finden gerade die Verhandlungen für den Waffenstillstand statt: also das Ende des Ersten Weltkrieges immerhin.

Lisa: Schon. Aber gestern am 8. November haben die Alliïerten ihre Bedingungen überreicht, die sind jetzt per Kurier unterwegs nach Deutschland, und heute am 9. wird da nur auf Nachricht gewartet, das ist alles.

Tim: Eben. Höchst dramatisch.

Lisa: Stimmt. Also gut: noch ein Tischchen, bitte; ganz nach links außen.

Das letzte Tischchen der Neo-Nazis wird entsprechend versetzt.

Und wer ist Matthias Erzberger?

Rolf: Wer ist Matthias Erzberger?

Lisa: Na, der Leiter der deutschen Delegation in Compiègne. Du, Lutz.

Lutz: Ich bin doch schon Friedrich Ebert.

Lisa: Stimmt. Und du, Tim?

Tim: Ich bin Philipp Scheidemann.

Lisa: Richtig. Gut. Dann eben Susi. Susi? Susi, du bist Matthias Erzberger in Compiègne, warum nicht: das liegt bei Paris. Setz dich an den kleinen Tisch links außen. Ohne Text. Auch die andern, bitte: alle setzen! Setzen!

Rampenparallel und jeweils isoliert markiert jetzt jeweils ein Tischchen samt Stuhl oder Stühlen, vielleicht auch mit lesbarer Ortsangabe auf frontal placierten Schildern

von links nach rechts:

Tisch 1: Eisenbahnwagen in Compiègne
Tisch 2: Kaiservilla in Spa
Tisch 3: Großes Hauptquartier der Obersten Heeresleitung in Spa
Tisch 4: Reichskanzlei in Berlin
Tisch 5: Reichstag in Berlin
Tisch 6: Neues Palais des Kaisers in Potsdam

Es placieren sich entsprechend:

Tisch 1: Susi als Staatssekretär Matthias Erzberger

Tisch 2: Max Teepe als Kaiser Wilhelm II.
    Udo Baum als Staatssekretär Paul von Hintze

Tisch 3: Lukas Bickel als Generalfeldmarschall von Hindenburg
    Otto Schneider als Generalquartiermeister Wilhelm Groener
    Hans als Generaladjutant Hans von Plessen

Tisch 4: Ruth Blume als Reichskanzler Prinz Max von Baden
    Dr. Senge als Unterstaatssekretär Arnold Wahnschaffe

Tisch 5: Lutz als Friedrich Ebert, SPD
   Tim als Staatssekretär Philipp Scheidemann, SPD

Tisch 6: Dora als Kaiserin Auguste Victoria

Rolf und die andern Frauen setzen sich ringsum auf den Boden oder auf eine Bank.

Udo *(beim Setzen zu Max Teepe):* Wo genau liegt das eigentlich: Spa? Wissen Sie das?

Max Teepe: Spa liegt in Belgien, nicht weit von Aachen.

Hans: Sechzig Kilometer bis zur Grenze nach Holland.

Lisa: Anfangen, bitte.

Max Teepe *(hat sich als Wilhelm II. eventuell einen Schnurrbart "Es ist erreicht" geklebt):* Gut, dann fangen wir mal an. Den wievielten ham wir eijentlich heute?

Udo *(als Staatssekretär von Hintze):* Den 9. November, Majestät.

Max Teepe *(als Kaiser Wilhelm):* So, denn wollen wir uns mal ooch am 9. November 1918 das Frühstück jut schmecken lassen. Wat ham Sie denn da in der Hand? Schon Nachricht von diesem katholischen Erzberjer?

Udo Baum *(als Staatssekretär von Hintze):* Nein, noch nicht, Majestät.

Max Teepe *(als Kaiser):* Das is typisch. Wissen Sie, was der ma jesagt hat: "Links ist das Leben, rechts ist der Tod." Als Zentrums-Politiker!

Udo Baum (als Hintze): Das hier sind Telegramme von Reichskanzler und Außenminister.

Max Teepe (als Kaiser): Herrje: schon am frühen Morjen.

Udo Baum (als Hintze): Noch von gestern abend.

Max Teepe (als Kaiser): Jestern abend beim Skat ham Sie ja wieder janz schön verloren, mein Lieber. Na, rapportieren Sie mal: wat wollen die beiden denn jetz schon wieder?

Udo Baum (als Hintze): Ich fasse gehorsamst zusammen, was hier steht: daß Eure Majestät heute abdanken sollten.

Max Teepe (als Kaiser): Schon wieder. Also, langsam gehe ich jetzt zugrunde, ja? Aber wirklich. Ich habe doch gestern ein- für allemal erklärt, daß das gar nicht in Frage kommt.

Udo Baum (als Hintze): Sonst werde das Deutsche Reich bald ohne Regierung dastehen.

Max Teepe (als Kaiser): Tut es doch jetzt schon. *(Lacht sich tot.)*

Udo Baum (als Hintze): Dieser Liebknecht und seine Bolschewisten können jeden Augenblick eine Räterepublik ausrufen.

Max Teepe (als Kaiser): Wie in Rußland. Und da soll ich abdanken? Sagen Sie den beiden Herren, es sei des Deutschen Kaisers heilige Pflicht, dieser Gefahr des Bolschewismus für ganz Europa durch schnelles militärisches Handeln Herr zu werden. Guten Appetit, mein Lieber! Ich mache jetzt erst mal meinen Morjenspaziergang. *(Er geht ab nach links.)*

An Tisch 4 klingelt das Telefon der Reichskanzlei.

Dr. Senge *(als Unterstaatssekretär Wahnschaffe hebt ab):* Reichskanzlei.

Tim *(als Scheidemann spricht an Tisch 5 ins Telefon):* Ja, hier spricht Staatssekretär Scheidemann. Ich hätte gern Herrn Unterstaatssekretär Wahnschaffe, bitte.

Dr. Senge *(als Wahnschaffe, ins Telefon):* Am Apparat. Guten Morgen, Herr Staatssekretär.

Tim *(als Scheidemann):* Guten Morgen, Herr Wahnschaffe. Ich rufe schon aus dem Reichstag an. Fraktions- und Parteivorstand der SPD sitzen hier grade mit einer Abordnung der Berliner Betriebsobleute zusammen. In allen Betrieben und hier bei der SPD hängt jetzt alles Weitere von der Beantwortung einer einzigen Frage ab: Hat Seine Majestät inzwischen abgedankt?

Dr. Senge *(als Wahnschaffe):* Bis jetzt noch nicht, aber wir erwarten diese Nachricht jeden Augenblick.

Tim *(als Scheidemann):* Na gut. Dann warte ich noch eine Stunde. Ist Seine Majestät nach einer Stunde noch nicht gegangen, dann gehe erst mal ich. Dem dürften dann die andern Minister meiner Partei unverzüglich folgen. Bitte sagen Sie das dem Herrn Reichskanzler.

An Tisch 5 klingelt ein zweites Telefon.

Lutz *(als Friedrich Ebert hebt ab):* SPD-Fraktion, Ebert.

Tim *(als Scheidemann, weiter ins erste Telefon):* Wir haben jetzt kurz nach acht. Um neun Uhr ist in allen Betrieben Frühstückspause.

Lutz *(als Ebert, ins zweite Telefon):* Ich verstehe.

Tim *(als Scheidemann, weiter ins erste Telefon):* Wenn bis dahin der Rücktritt Seiner Majestät nicht vorliegt, wird die Parole ausgegeben "Heraus aus den Betrieben!" Das bedeutet dann Allgemeiner Ausstand. Also nach dem Frühstück Generalstreik. Wir können die Leute dann nicht länger davon abhalten, auf die Straße zu gehen. Bitte sagen Sie auch das dem Herrn Reichskanzler. In einer Stunde rufe ich wieder an. Auf Wiederhören. *(Er legt auf.)*

Lutz *(als Ebert, ins zweite Telefon):* Gut, ich sorge dafür. Jemand kommt. Vielen Dank für die Informationen. Auf Wiederhören. *(Er legt auf.)* Also, in der Alexanderkaserne ist es heute Nacht, als Granaten gegen die Aufständischen ausgegeben wurden, beim besonders kaisertreuen 4. Jägerbataillon zur Meuterei gekommen. Alexandergarde und sonstige Garderegimenter haben sich angeschlossen. Ein Sprecher ihres Soldatenrates hat mir da eben erklärt, daß sie sich restlos auf die Seite der Arbeiterschaft stellen. Keiner von ihnen werde auf Demonstranten schießen. Allerdings wollen sie, daß jemand von uns in die Kaserne kommt, sofort, um die politische Lage zu erläutern. Ich denke, dafür ist niemand besser als der Genosse Otto Wels.

Auf Tisch 3 klingelt das Telefon.

***Bickel** (als Hindenburg hebt ab):* Oberste Heeresleitung, Hindenburg. ... Noch immer nicht? ... Rittmeister von Helldorf, ja. ... oder was Schlimmeres. Warten wir also weiter. Ich danke Ihnen. *(Er legt auf.)* Der Kurier vom Erzberger in Compiègne ist noch immer nicht da mit den Waffenstillstandsbedingungen.

***Otto** (als Generalquartiermeister Groener):* Wann losgefahren?

***Bickel** (als Hindenburg):* Gestern mittag um eins.

***Hans** (als Generaladjutant von Plessen):* Sicher ooch wieder verunglückt. Wie dieser jüdische Erzberger schon gleich auf der Hinfahrt. Da liegt kein Segen drauf, auf diesem Waffenstillstand. Warum ooch?

***Otto** (als Groener):* Er ist unsre einzige Chance.

***Hans** (als Plessen):* Und Schande.

***Bickel** (als Hindenburg):* Das Auswärtige Amt befürchtet schon das Schlimmste.

***Hans** (als Plessen):* Das tun die immer.

***Otto** (als Groener):* Derzeit zurecht. Die militärische Lage ist aussichtslos.

Auf Tisch 2 klingelt das Telefon.

***Udo** (als Hintze hebt ab):* Großes Hauptquartier, Hintze. ... Wer ist da? Bitte melden! ... Ich verstehe kein Wort. Hallo?

Dr. Senge (als Wahnschaffe an Tisch 4 telefoniert mit Udo): Halloh? Hier ist die Reichskanzlei. Mit wem spreche ich: halloh?

Udo (als Hintze): Halloh! Hier ist das Große Hauptquartier. Mit wem spreche ich: halloh?

Dr. Senge (als Wahnschaffe): Hier spricht Wahnschaffe.

Udo (als Hintze): Wer bitte?

Dr. Senge (als Wahnschaffe): Chef der Reichskanzlei. Herrn Staatssekretär von Hintze, bitte.

Udo (als Hintze): Ja, hier Hintze. Wer spricht?

Dr. Senge (als Wahnschaffe): Herr von Hintze? Hier Wahnschaffe. Guten Morgen.

Udo (als Hintze): Wie bitte?

Dr. Senge (als Wahnschaffe, schreit): Guten Morgen!

Udo (als Hintze): Sprechen Sie bitte lauter. Hier ist Belgien.

Dr. Senge (als Wahnschaffe): Hier ist Berlin.

Udo (als Hintze): Nicht so laut, bitte: das überschlägt sich. Hören Sie mich?

Dr. Senge (als Wahnschaffe): Im Namen der Reichsregierung: hier bricht jeden Moment die Revolution aus.

Udo (als Hintze): Wie bitte?

Dr. Senge (als Wahnschaffe): Seine Majestät sollte umgehend abdanken.

Udo (als Hintze): Aber warum denn bloß?

Dr. Senge (als Wahnschaffe): Im Namen der Regierung: die Spandauer Artillerie ist zu den Aufständischen übergelaufen.

Udo (als Hintze): Wer sagt das?

Dr. Senge (als Wahnschaffe): Das 3. Garderegiment desgleichen.

Udo (als Hintze): Mit wem spreche ich? Woher haben Sie das?

Dr. Senge (als Wahnschaffe): Vom Kriegsminister.

Udo (als Hintze): Dann verbinden Sie mich mit dem Kriegsminister.

Dr. Senge (als Wahnschaffe): Der ist grade beim Reichskanzler. Bitte sagen Sie Seiner Majestät im Namen der Regierung, jetzt helfe nur noch die Abdankung. Dringend. Halloh?

Udo (als Hintze): Halloh? Halloh?

Dr. Senge (als Wahnschaffe): Halloh? Unterbrochen.

Udo (als Hintze): Unterbrochen.

Beide legen auf.

Udo (als Hintze, wählt sofort neu, bekommt aber keine Verbindung. Er versucht es ab jetzt immer wieder und immer ergebnislos.

Fortsetzung der Szene an Tisch 3 mit den Generälen Hindenburg, Groener und Plessen.)

***Otto** (als Groener):* Mein lieber Herr Generaladjutant! Die Frage lautet nur noch: können wir mit dem Frontheer Kehrt machen, nach Berlin marschieren und da den Aufruhr in der Heimat bekämpfen?

***Hans** (als Plessen):* Korrekt.

***Otto** (als Groener):* Meine Antwort lautete gestern noch Ja. Heute lautet sie Nein. Das Deutsche Reich ist in der Hand von Soldatenräten.

***Hans** (als Plessen):* Aber das sind doch Verbrecher! Eine Hand voll Revolutionäre, bestehend aus Deserteuren und Drückebergern!

***Otto** (als Groener):* Aber die haben sämtliche Verpflegungslager unter Kontrolle. Ich kann die Truppen an der Front nur noch wenige Tage ernähren.

***Bickel** (als Hindenburg):* Dasselbe trifft auf die Munition zu.

***Otto** (als Groener):* Und die Rebellen haben sämtliche Eisenbahnknotenpunkte besetzt. Es gibt keinen Nachschub mehr.

***Bickel** (als Hindenburg):* Das zersetzt auch die kämpfende Truppe. Sie will nach Hause.

***Hans** (als Plessen):* Soll sie ja auch. Und dort diese Bande zuchtloser Matrosen so behandeln, wie sie es verdient, als Deserteure: an die Wand mit ihnen!

***Otto** (als Groener):* Ich erwarte jeden Augenblick fünfzig Frontoffiziere, um mir die Stimmung der kämpfenden Truppe schildern zu lassen.

Bickel *(als Hindenburg):* Aber jetzt müssen wir erst mal zu Seiner Majestät, Herr Generalquartiermeister: zum Vortrag.

Alle drei erheben sich und tragen ihr Tischchen Nr. 3 samt Stühlen zu Tisch Nr. 2, wo Udo als Hintze noch immer ergebnislos seine Telefonnummer wählt.)

Rolf *(als Otto Wels kommt gleichzeitig von Mitte hinten zwischen den Tischen 4 und 5 hindurch nach vorn an die Rampe und wendet sich dort an den Zuschauerraum):* Soldaten der Alexanderkaserne Berlin! Mein Name ist Otto Wels, ich bin Mitglied des Deutschen Reichstages und Vorstandsmitglied der Sozialdemokratischen Partei Deutschlands: Kameraden! Heute, am 9. November 1918, liegt es in eurer Hand, ob ihr eure Waffen gegen eure eigenen Volksgenossen richtet oder nicht. Ob in den Straßen von Berlin das Blut eurer Brüder und Schwestern fließt. Oder nicht. Kameraden! Ich frage nicht, welcher Partei ihr angehört. Wenn ihr wollt, daß das deutsche Volk in Zukunft sein Schicksal selbst bestimmen soll, dann stellt euch heute der Sozialdemokratischen Partei zur Verfügung. Bekräftigt das durch den Ruf: Es lebe der Frieden! Das freie deutsche Volk, die freie Republik leben hoch! Hoch! Hoch!

Rolf geht nach Mitte hinten ab.

Auf Tisch 4 klingelt das Telefon.

Dr. Senge *(als Wahnschaffe hebt ab):* Reichskanzlei, Wahnschaffe.

Tim (als Scheidemann spricht an Tisch 5 ins Telefon): Scheidemann. Die eine Stunde ist vorüber. Hat der Kaiser inzwischen abgedankt?

Dr. Senge (als Wahnschaffe): Bisher noch nicht. Ich rechne mit seiner Entscheidung gegen Mittag.

Tim (als Scheidemann): Ich brauche für meine Entscheidung nicht so lange. Bitte sagen Sie dem Reichskanzler, daß ich mein Amt als Staatssekretär der Deutschen Reichsregierung hiermit niederlege.

Dr. Senge (als Wahnschaffe): Aber das sprengt die Regierung –

Tim (als Scheidemann): In einer Viertelstunde haben Sie das schriftlich. Auch von meinen sozialdemokratischen Kollegen. Ende. *(Er legt auf.)*

Dr. Senge (als Wahnschaffe): Aber das Deutsche Reich hat dann keine Regierung mehr! Halloh? Aufgelegt. Ende. *(Er legt auf.)*

Auf Tisch 2 klingelt das Telefon.

Udo (als Hintze, hebt ab): Großes Hauptquartier, Hintze.

Dora (als Kaiserin Auguste Victoria an Tisch 6 in ihr Telefon): Hallo? Guten Morgen. Hier spricht Kaiserin Auguste Victoria in Potsdam. Ich möchte gern den Kaiser sprechen? Halloh? Hören Sie mich?

Udo (als Hintze): Guten Morgen, Majestät. Das tut mir leid. Seine Majestät befinden sich noch auf ihrem Morgenspaziergang. Sie müssen jeden Augenblick wieder eintreffen.

***Dora** (als Kaiserin):* Wie geht es ihm denn? Was gibt es Neues?

***Udo** (als Hintze):* Seit gestern nichts Neues, Majestät. Die Lage ist unverändert gut.

***Dora** (als Kaiserin):* Dann geht es ihm gut? Ist der Kaiser wohlauf?

***Udo** (als Hintze):* Wohlauf, wohlauf. Und Ihre Majestät selbst?

***Dora** (als Kaiserin):* Wohlauf, wohlauf. Bitte sagen Sie das dem Kaiser. Auf Wiederhören. *(Sie legt auf.)*

***Udo** (als Hintze, legt auf und wählt wieder neu)*

Auf Tisch 4 klingelt das Telefon.

***Dr. Senge** (als Wahnschaffe hebt ab):* Reichskanzlei, Wahnschaffe?

***Udo** (als Hintze ins Telefon):* Großes Hauptquartier, Hintze. Verstehen Sie mich?

***Dr. Senge** (als Wahnschaffe):* Ich höre Sie.

***Udo** (als Hintze):* Hören Sie: Die Oberste Heeresleitung hat sich entschlossen, sogleich Seiner Majestät zu melden, daß die bewaffneten Streitkräfte im Falle eines Bürgerkrieges nicht hinter ihr stehen würden und daß die Armee wegen Ernährungsschwierigkeiten nicht imstande sein würde, einen Bürgerkrieg zu führen.

Dr. Senge *(als Wahnschaffe)*: Unter diesen Umständen gibt es doch gar keine Möglichkeit mehr, die Abdankung Seiner Majestät zu umgehen. Halloh? Halloh?

An Tisch 2 tritt Max Teepe als Kaiser Wilhelm II. auf. Die Generäle erheben sich. Udo legt auf.

Max Teepe *(als Kaiser)*: Herrjesses: Sie schon wieder!

Dr. Senge *(als Wahnschaffe, zu Ruth als Reichskanzler Prinz Max)*: Diese Mitteilung ist erschütternd.

Ruth *(als Reichskanzler Prinz Max von Baden zu Dr. Senge als Wahnschaffe)*: Das ist die Entscheidung.

Max Teepe *(als Kaiser)*: Bitte Platz zu nehmen. *(Er und die Generäle setzen sich an Tisch 2 und 3.)* Mein lieber Hindenburg, nu schießen Sie mal los.

Bickel *(als Hindenburg)*: Eure Majestät: da mir als preußischem Offizier der Gedanke namenlos schwer fällt, meinem König und Kriegsherrn von einem Entschlusse abraten zu müssen, den ich dem Herzen nach freudig begrüße, dessen Ausführung ich aber nach reiflicher Überlegung als unmöglich bezeichnen muß, bitte ich Eure Majestät um meine Entlassung als Oberbefehlshaber und Chef des Generalstabes.

Max Teepe *(als Kaiser, nach kurzer Pause)*: Na, das wollen wir erst mal sehen. Weiter im Text.

Bickel *(als Hindenburg):* Dann bitte ich Eure Majestät, mich vom heutigen Vortrag zu entbinden und dem Generalquartiermeister Groener das Wort zu erteilen.

Max Teepe *(als Kaiser):* Von mir aus. Bitte sehr: tragen Sie vor.

Otto *(als Groener):* Eure Majestät!

Auf Tisch 5 klingelt das Telefon bei der SPD-Fraktion im Reichstag

Lutz *(als Friedrich Ebert hebt ab):* SPD-Fraktion, Ebert.

Dr. Senge *(als Wahnschaffe, ins Telefon):* Reichskanzlei, Wahnschaffe. Herr Ebert, ich erfahre soëben, daß mit der Abdankung Seiner Majestät in Kürze zu rechnen sei.

Lutz *(als Friedrich Ebert):* Zu spät. Die Kugel ist im Rollen. Die ersten Belegschaften sind schon auf der Straße.

Dr. Senge *(als Wahnschaffe):* Aber die Leute können doch wieder zur Vernunft gebracht werden!

Lutz *(als Ebert):* Wir wollen sehen, was sich machen läßt. *(Er legt auf.)*

Dr. Senge *(als Wahnschaffe, zu Ruth als Prinz Max):* Zu spät. *(Er legt auf.)*

Weiter an den Tischen 2 und 3:

Otto (als Groener): Eure Majestät! Aus all' diesen dargelegten Gründen erscheint es mir also unmöglich, die Truppen an der Front eine Kehrtwendung machen und mit dem Feind im Rücken die Revolution in der Heimat niederschlagen zu lassen.

Hans (als Plessen): Vor Revolutionen kapituliert man nicht. Was die Truppe braucht, ist Waffenruhe an der Front. Aber der Kurier dieses jüdischen Herrn Erzberger ist ja wohl immer noch nicht da. Anschließend wird die Armee Eurer Majestät die Ordnung in der Heimat mit fester Hand und Waffengewalt wiederherstellen. Mal sehen, was passiert, wenn die Armee in Berlin erst mal feuert.

Otto (als Groener): Aber Eure Majestät hat keine Armee mehr.

Max (als Kaiser): Ich will dem Vaterlande den Bürgerkrieg ersparen. Aber ich wünsche, nach dem Waffenstillstand an der Spitze des Heeres in die Heimat zurückzukehren.

Otto (als Groener): Das Heer wird in die Heimat zurückkehren. Aber nicht unter dem Befehl Eurer Majestät.

Hans (als Plessen): Wieso denn das nicht?

Otto (als Groener): Das Heer steht nicht mehr hinter Eurer Majestät.

Max (als Kaiser): Exzellenz von Hindenburg?

Bickel (als Hindenburg): Nach allen vorliegenden Nachrichten und unter Berücksichtigung aller einschlägigen Verhältnisse ist die Revolution mit

Waffengewalt nicht mehr niederzuschlagen. Ich kann auch für die Zuverlässigkeit des Heeres nicht mehr gradestehen.

Max *(als Kaiser, "scharf"):* Diese Erklärung verlange ich schriftlich. Hat das Heer nicht seinem Kriegsherrn den Fahneneid geschworen? Den Fahnen-Eid!

Otto *(als Groener):* Fahneneid und Kriegsherr sind bloß noch Fiktionen.

Max *(als Kaiser):* Das verlange ich schwarz auf Weiß. Aber als Meldung sämtlicher Kommandierenden Generale.

Otto *(als Groener):* Die sind schon herbestellt.

Auf Tisch 2 klingelt das Telefon.

Udo *(als Hintze hebt ab):* Hauptquartier, Hintze?

Dr. Senge *(als Wahnschaffe an Tisch 4 ins Telefon):* Reichskanzlei, Wahnschaffe. Dringende Meldung für Seine Majestät. Die Revolution marschiert. Der Generalstreik ist ausgerufen. Die Massen sind von allen Stadtteilen her in Bewegung. Viele tausend Arbeiter ziehen Richtung Stadtzentrum, vorneweg Frauen und Kinder mit Plakaten "Brüder, nicht schießen!". Demonstranten und Soldaten verbrüdern sich bereits. Jägerbataillon und Panzerkraftwagen im Schloß weigern sich, gegen das Volk vorzugehen. Den Gehorsam verweigern auch Nordreserve, Jüterboger Artillerie und Formationen in der Kaserne am Kupfergraben. An der Kaserne des Gardefüsilierregiments in der Chausseestraße und an der Maikäferkaserne ist es zu Schießereien gekommen: mit dreißig bis vierzig Toten, aber die Naumburger Jäger sind zu den Aufständischen übergegangen.

Ruth *(als Reichskanzler Prinz Max in Dr. Senges Telefon):* Eine Schrekkensnachricht, die die Grundlage aller Zuversicht zerbricht.

Auf Tisch 3 klingelt das Telefon.

Otto *(als Groener hebt ab):* Oberkommando, Groener?

Dr. Senge *(als Wahnschaffe, noch ins Telefon):* Herr von Hintze, um in dieser Situation noch Dynastie und allgemeine Lage zu retten, läßt der Herr Reichskanzler Seine Majestät jetzt dringend um die sofortige Abdankung bitten.

Max *(als Kaiser):* Politik hält im Kriege den Mund, bis Strategie ihr das Reden wieder gestattet. *(Er schlägt auf die Telefongabel.)*

Dr. Senge *(als Wahnschaffe, ins Telefon):* Halloh? Halloh? *(Er legt auf.)*

Otto *(als Groener, in sein Telefon):* Ich danke Ihnen. *(Er legt auf.)* Eure Majestät: Nachricht von den befragten Brigade- und Divisionskommandeuren aller Frontabschnitte. Leider sind von den 58 Einbestellten nur 39 erschienen, ganze 19 hatten angeblich Pannen unterwegs. Auf die Frage, ob die kämpfende Truppe unter Eurer Majestät die Heimat zurückerobern wolle, hat nur einer mit Ja geantwortet. Auf die Frage nach einem Kampf gegen den Bolschewismus in der Heimat hat keiner mit Ja, haben acht mit Nein, alle andern ausweichend geantwortet. Ich fasse zusammen: gegen die Heimat marschiert die Truppe jetzt nicht, gegen den Bolschewismus auch nicht. Sie will bloß Waffenstillstand und zwar sofort.

Pause.

Auf Tisch 2 klingelt das Telefon.

Udo *(als Hintze hebt ab):* Hauptquartier, Hintze?

Dr. Senge *(als Wahnschaffe, an Tisch 4 ins Telefon):* Reichskanzlei, Wahnschaffe. Der Druck in Berlin wird unerträglich. Vom Schloß bis zum Brandenburger Tor, mit dem Königsplatz und Unter den Linden sind Hunderttausende mit roten Fahnen versammelt. Die Bewegung ist unwiderstehlich. Jede Gewalt würde die Lage nur verschlimmern. Der Reichskanzler verlangt von Seiner Majestät die unverzügliche Abdankung.

Udo *(als Hintze):* Ich verbitte mir diese Tonart. Das müßte man hier auch vom Herrn Reichskanzler persönlich hören.

Dr. Senge *(als Wahnschaffe):* Ja, einen Augenblick: er kommt sofort.
(Hält Ruth als Prinz Max den Hörer hin.)

Max *(als Kaiser):* Ein Nachkomme Friedrichs des Großen dankt nicht ab.

Ruth *(als Prinz Max ergreift den Hörer und legt ihn auf: mit leicht tuntiger Bewegung.)*

Udo *(als Hintze):* Hallo? Hallo? Unterbrochen. *(Er legt auf.)*

Max *(als Kaiser):* Ich denke gar nicht daran, wegen paar hundert Juden und tausend Proleten den Thron zu verlassen.

Lisa *(unterbricht):* Stop mal, bitte: stop. Ihr seid wunderbar. Aber hier müßten wir noch paar Sprechchöre einbauen. Ihr andern, die Frauen, Rolf, wer noch frei ist, kommt ihr mal?

Die Erwähnten versammeln sich um Lisa, auch Lutz und Tim treten hinzu.

Lisa: Also, diese Massendemonstrationen verliefen natürlich nicht stumm. Teils haben sie Lieder gesungen, Arbeiterlieder, Kampflieder, Spottlieder, teils auch rhythmisch gerufen, vielfach "Leh – mann muß weg! Leh – mann muß weg!"

Einige *(fallen schon ein.)*

Susi: Wieso denn Lehmann, wer ist Lehmann?

Lisa: Das soll der Kaiser sein. Weil sein Großvater, Kaiser Wilhelm I., bei der Revolution 1848 unter dem Namen Lehmann ins Ausland geflohen war.

Rolf *(intoniert, die andern fallen ein):* Leh – mann muß weg! Leh – mann muß weg!

Auf Tisch 4 klingelt das Telefon.

Sprechchor: Leh – mann muß weg! Leh – mann muß weg!

Dr. Senge (als Wahnschaffe hebt ab und hört zu, während der Sprechchor noch weiterruft.)

Sprechchor *(hört auf.)*

Dr. Senge *(als Wahnschaffe, ins Telefon):* Auf Wiederhören. *(Er legt auf und wendet sich zu Ruth als Prinz Max):* Der Kurier von Erzberger ist immer noch nicht da, fast fünf Stunden überfällig. Das Auswärtige Amt hält ihn für verunglückt oder erschossen. Was nun?

Ruth *(als Prinz Max):* Rufen Sie in Spa an. Lehmann muß weg.

Dr. Senge *(als Wahnschaffe, wählt eine Telefonnummer.)*

Auf Tisch 2 klingelt das Telefon.

Max *(als Kaiser):* Nicht schon wieder die Reichskanzlei! Hängen Sie aus! Die wollen mich bloß rausschmeißen.

Bickel *(als Hindenburg):* Wollte Gott, Majestät, es stünde anders!

Udo *(als Hintze, hebt ab und legt sofort auf.)*

Dr. Senge *(als Wahnschaffe):* Unterbrochen. *(Er legt auf.)*

Max *(als Kaiser):* Fünfhundert Jahre regieren die Hohenzollern jetzt in Berlin.

Hans *(als Plessen):* Das sollen sie auch weiterhin. Eure Majestät bleiben trotzdem König von Preußen.

Max *(als Kaiser):* Wie beliebt?

Auf Tisch 2 klingelt das Telefon.

***Udo** (als Hintze ins Telefon):* Hauptquartier, Hintze?

***Dr. Senge** (als Wahnschaffe, an Tisch 4 ins Telefon):* Reichskanzlei, Wahnschaffe. Hören Sie? Exzellenz: die Lage ist hoffnungslos. Sämtliche Einheiten der Gardecorps, namentlich die Ersatzbataillone 48 und 64, sind nicht mehr zuverlässig und weigern sich zu schießen. Auch andere Formationen haben Soldatenräte gebildet, verhandeln mit den Sozialdemokraten und wollen sich dem Volk auf den Straßen zur Verfügung stellen.

***Udo** (als Hintze):* Das will ich vom Kriegsminister hören.

***Dr. Senge** (als Wahnschaffe):* Exzellenz: wir müssen damit rechnen, daß jeden Augenblick Arbeiter- und Soldatenräte eine Regierung ausrufen, an deren Spitze dann Karl Liebknecht steht. Es handelt sich nicht mehr um Stunden, sondern um Minuten. Im Namen des Reichskanzlers bitte ich Exzellenz, Ihren ganzen Einfluß geltend zu machen und Seine Majestät zur unverzüglichen Abdankung zu bewegen.

***Udo** (als Hintze):* Bitte sagen Sie dem Reichskanzler, eine Entscheidung Seiner Majestät stehe bevor: binnen kurzem. Ende. *(Er legt auf.)*

***Ruth** (als Prinz Max):* Jetzt Dr. Simons, bitte.

***Dr. Senge** (als Wahnschaffe, wählt eine Telefonnummer.)*

***Max** (als Kaiser an Tisch 2):* Exzellenz von Hintze, bitte notieren Sie: "Um Blutvergießen zu vermeiden ... "

***Dr. Senge** (als Wahnschaffe, an Tisch 4 ins Telefon):* Herr Dr. Simons: ich verbinde Sie mit dem Herrn Reichskanzler.

Ruth *(als Prinz Max ins Telefon):* Hier Prinz Max. Herr Legationsrat, ich muß den Eindruck haben, daß Seine Majestät im Hauptquartier ihre Abdankung beschlossen hat und zur Zeit an der Formulierung arbeitet. Aber im Umfeld Seiner Majestät ist dazu niemand imstande. Ich bitte Sie daher, eine juristisch einwandfreie Bekanntmachung vorzubereiten, die wir zur Hand haben müssen, wenn die erhoffte Nachricht aus Spa eintrifft. Damit wir sie ohne Verzug veröffentlichen können. Wie bitte? ... Richtig: über formale Bedenken hinwegsetzen. Ich danke Ihnen. *(Er legt auf.)*

Max *(als Kaiser, an Tisch 2, diktiert Hintze):* " ... aber nicht als König von Preußen ... "

Sprechchor *(umringt jetzt im Halbkreis und sehr nah den Tisch 4):* Leh – mann muß weg! Leh – mann muß weg! Leh – mann muß weg!

An Tisch 1 klingelt Susis Handy sehr laut und ganz anders als die bisherigen Telefone "von 1918".

Sprechchor *(bricht ab.)*

Susi *(ins Handy):* Ja, halloh? Erzberger? ... Ja ... Nee, ich kann jetzt nicht, wir sind hier mitten in einer Theaterprobe ... Nein, geht jetzt nicht, ich bin grade Erzberger ... Logisch, ich ruf dann zurück. ... logisch, ciao.

Musik Nr. 22:

Chor (singt): "Fliege, flattre, rote Fahne!
Rote Fahne, zieh voran,
Und entflamme deutsche Herzen,
Daß sie kämpfen Mann für Mann!
Freiheit, Freiheit auf den Straßen!
Werfet ab das Sklavenjoch!
Weg mit allem Zank und Hassen!
Unsre Freiheit lebe hoch!"

Sollte möglichst verlängert werden: durch Wiederholungen und durch Wechsel oder Vermischung mit

Musik Nr. 30:

Chor (singt): "Auf, und verjagt die Tyrannen,
Daß ihre Herrschaft zerfällt!
Schwenket die blutroten Fahnen
Über der Arbeiterwelt!"

Max *(als Kaiser Wilhelm erhebt sich an Tisch 2):* Ich habe keine Lust, mich von irgendwelchen hergelaufenen Kerls aufhängen zu lassen.

Er geht in die linke Nullgasse ab.

Bickel und Otto als Hindenburg und Groener stellen Tisch 3 wieder an seine erste Position.

Anschließend geht Bickel den Chor dirigieren.

Der Chor *(singt weiter):*
"Brüder, ergreift die Gewehre,
Auf zur entscheidenden Schlacht!
Dem Kommunisten die Ehre,
Ihm sei in Zukunft die Macht!"

Udo (als Hintze) und Hans (als Plessen) sind an Tisch 2 mit Schreiben der Kaiserlichen Rücktrittserklärung beschäftigt.

Ruth als Reichskanzler Prinz Max von Baden hat sich inzwischen erhoben und von Tisch 4 entfernt. Lutz als Friedrich Ebert tritt zu ihr, und gemeinsam gehen sie während des Gesanges im Vordergrund der Bühne auf und ab. Gestikulationen, Kopfnicken, Kopfschütteln, kurzes Stehenbleiben, Händeschütteln et cetera signalisieren ihr Gespräch.

Gegen Ende des Gesanges:

Rolf und die Frauen *(verteilen Extrablätter und rufen):* Kaiser Wilhelm zurückgetreten! Kaiser Wilhelm zurückgetreten!

Musik Nr. 31:

Der Chor *(hört auf zu singen und jubelt lauthals, umarmt sich, tanzt und fängt dann wieder an zu singen):*
"O Tannebaum, o Tannebaum:
Der Lehmann hat in' Sack jehaun!
Einzelne *(singen):* Der Lehmann hat in' Sack jehaun!

Andere (singen):   Der Lehmann hat in' Sack jehaun!

Alle (singen):   O Tannebaum, o Tannebaum:
Der Lehmann hat in' Sack jehaun!"

Während dieses Gesanges setzt Ruth als Reichskanzler Prinz Max sich wieder an Tisch 4;

Lutz und Tim als Ebert und Scheidemann rücken Tisch 5 zu Tisch 4 heran und setzen sich zu Ruth und Dr. Senge.

Lutz *(als Friedrich Ebert):*   Herr Reichskanzler, unsre sozialdemokratischen Parteigenossen haben uns zu erklären beauftragt, daß die Regierungsgewalt nunmehr an Männer übergehen sollte, die das volle Vertrauen des Volkes besitzen. Wir halten es deshalb für nötig, daß das Amt des Reichskanzlers und das des Oberkommandierenden in den Marken durch Vertrauensmänner unserer Partei besetzt werden.

Ruth *(als Prinz Max):*   Können Ihre Parteiführer verhindern, daß Gewalttätigkeiten ausbrechen?

Tim *(als Scheidemann):*   Sämtliche Garnisonen und Regimenter von Groß-Berlin sind zu uns übergegangen.

Ruth *(als Prinz Max):*   Dann sehe ich als einzig mögliche Lösung, daß Sie, Herr Ebert, mit der Verantwortung auch den Posten des Reichskanzlers übernehmen.

Lutz *(als Ebert):*   Ich müßte da zuvor die Gremien meiner Partei befragen.

Tim *(als Scheidemann):*   Ach was, sag einfach Ja.

Ruth (als Prinz Max): Wenn überhaupt jemand, kann nur noch die SPD unser Vaterland vor dem Schlimmsten bewahren.

Lutz (als Ebert): Es ist ein schweres Amt. Ich werde es übernehmen.

Dr. Senge (als Wahnschaffe): Würde das im Rahmen der Reichsverfassung geschehen?

Lutz (als Ebert): Im Rahmen der Reichsverfassung.

Ruth (als Prinz Max): Dann sollten wir jetzt die Frage der Regentschaft lösen.

Tim (als Scheidemann): Welcher Regentschaft?

Ruth (als Prinz Max): Der Nachfolge Seiner Majestät des Kaisers.

Lutz (als Ebert): Das ist jetzt zu spät.

Tim (als Scheidemann): Zu spät, zu spät, zu spät!

Auf ihrem Tisch 4 klingelt das Telefon.

Dr. Senge (als Wahnschaffe, hebt ab): Reichskanzlei, Wahnschaffe?

Udo (als Hintze, an Tisch 2 ins Telefon): Hauptquartier, Hintze. Seine Majestät hat soeben ein Schriftstück unterzeichnet, das ich Ihnen nunmehr verlesen darf.

Dr. Senge (als Wahnschaffe): Hat er denn abgedankt?

Udo (als Hintze): Bitte hören Sie zu, und notieren Sie: "Großes Hauptquartier, am 9. November 1918. Erstens: Seine Majestät sind einverstanden, wenn die Regierung die Waffenstillstandskommission ermächtigt, sofort abzuschließen, auch ohne daß die Waffenstillstandsbedingungen hier bekannt sind."

Dr. Senge (als Wahnschaffe): Gar nicht mehr nötig: der Kurier ist da. Hat er denn abgedankt?

Udo (als Hintze): "Zweitens: Um Blutvergießen zu vermeiden, sind Seine Majestät bereit, als Deutscher Kaiser abzudanken, aber nicht als König von Preußen."

Dr. Senge (als Wahnschaffe): Aber das ist ja Unsinn! Staatsrechtlich gar nicht möglich! Artikel 11 der Reichsverfassung!

Udo (als Hintze): "Drittens: Seine Majestät wollen einen Bürgerkrieg vermeiden."

Dr. Senge (als Wahnschaffe): Also, damit ist gar nichts mehr anzufangen. Jetzt hören bitte Sie zu! Inzwischen haben wir hier folgende Depesche herausgegeben: "9. November. Der Kaiser und König hat sich entschlossen, dem Throne zu entsagen."

Udo (als Hintze): Wer hat diese Depesche herausgegeben? Und wann?

Dr. Senge (als Wahnschaffe): "Der Reichskanzler hat den Abgeordneten Ebert zum Reichskanzler ernannt."

Udo (als Hintze): Das ist ungesetzlich! Ohne Ermächtigung!

Dr. Senge (als Wahnschaffe): Die neue Regierung hat sich bereits gebildet.

Udo (als Hintze): Welche neue Regierung?

Dr. Senge *(als Wahnschaffe):* Der Abgeordnete Scheidemann hat gegen 14 Uhr von einem Fenster des Reichstags aus vor einer großen Menschenmenge die Deutsche Republik ausgerufen.

Udo (als Hintze): Ich bestehe darauf, mit dem Herrn Reichskanzler Prinz Max von Baden persönlich zu sprechen.

Dr. Senge *(als Wahnschaffe):* Ich verbinde. *(Reicht den Hörer an Ruth als Prinz Max.)*

Ruth *(als Prinz Max ins Telefon):* Prinz Max?

Udo (als Hintze): Herr Reichskanzler, bitte: wann genau wurde diese Absetzung Seiner Majestät proklamiert, um wieviel Uhr?

Ruth *(als Prinz Max):* Nach Lage der Dinge war eine andere Entscheidung Seiner Majestät gar nicht mehr möglich.

Udo (als Hintze)*:* Und wer ist dafür verantwortlich?

Ruth *(als Prinz Max):* Nachdem die Depesche heraus war, habe ich sie gutgeheißen. Dankeschön. *(Leicht tuntig legt er auf.)*

Musik Nr. 32:

Iris (singt): "Wem ham se de Krone jeklaut?
Chor (singt): Wem ham se de Krone jeklaut?
Iris (singt): Dem Wilhelm, dem Doofen,
Dora (singt): Dem Oberjanoven,

Iris (singt): Dem ham se de Krone jeklaut, ja, ja:
Chor (singt): Dem ham se de Krone jeklaut!"

Lutz (als Friedrich Ebert tritt an die Rampe.)

Der Chor (setzt sich vor ihm auf den Boden)

Lutz (als Friedrich Ebert): "Mitbürger!"

Tim (singt): "Wer hat ihm die Krone jeklaut?
Chor (singt): Wer hat ihm die Krone jeklaut?
Tim (singt): Der Ebert, der Helle,
Dora (singt): Der Sattlerjeselle,
Tim (singt): Der hat ihm die Krone jeklaut, ja, ja:
Chor (singt): Der hat ihm die Krone jeklaut!"

Alle applaudieren.

Tim: Es spricht der einzige deutsche Reichskanzler, der sein Amt schon am zweiten Tage seiner Regierungszeit freiwillig mit fünf andern Volksbeauftragten teilte: Fritze Ebert!

Lutz (als Friedrich Ebert): "Mitbürger! Das Deutsche Reich ist eine Republik.
Die Republik garantiert jedem Arbeit und Brot.
In der Republik ist kein Platz für Korruption.
Die Bürokratie ist beseitigt, das Volk regiert sich selbst.
Die neue Regierung wird eine Volksregierung sein.
Die Weltrevolution marschiert.
Durch diese Revolution tritt unser Volk in den Zustand einer wahren Frei-

heit, Schönheit und Würde.

Die Periode des Imperialismus ist endgültig beëndet.

Der Kapitalismus gehört einer überwundenen Zeit an.

Der Weltfriede ist für die Zukunft gesichert.

Nie wieder Krieg! Es lebe die Republik! Berlin, den 9. November 1918."

Der Chor erhebt sich applaudierend und umringt Lutz:

Musik Nr. 1:

Chor *(singt auf die Melodie des Schillerschen "Reiterliedes" den Text eines anonymen Autors aus der Zeit der Sozialistengesetze):*
"Wohlauf, Kameraden, im Sturmeswehn,

Die Freiheit, sie muß uns jetzt werden.

Die Freiheit, begründet aufs Wohlergehn

Der ganzen Menschheit auf Erden,

Die Freiheit, die allen den Hunger stillt,

Sei uns Ideal, unser Götterbild!"

Max *(als Kaiser Wilhelm kommt aus der linken Nullgasse und tritt an die Rampe):* "Ein solcher Verrat eines ganzen Volkes an seinem Herrscher ist beispiellos in der Weltgeschichte. Na, wenn ich erst mal wieder zu Hause bin, da fliegen aber die Köppe. Die Strafe wird furchtbar werden."

Auf Tisch 2 klingelt das Telefon.

Max *(zu Udo als Paul von Hintze):* Ich bin für niemanden mehr zu sprechen. Zu spät. *(Er geht ab nach links.)*

Udo *(als Hintze, ins Telefon):* Hauptquartier, Hintze?

Dora *(als Kaiserin Auguste Victoria an Tisch 6 in ihr Telefon):* Halloh? Hier spricht Kaiserin Auguste Victoria. Ich möchte bitte den Kaiser sprechen.

Udo (als Hintze)*:* Der Kaiser ist abwesend.

Lisa: Der Kaiser hat in' Sack jehaun.

Dora (als Kaiserin)*:* Dann geht es ihm gut? Ist der Kaiser wohlauf?

Udo *(als Hintze):* Wohlauf, wohlauf.

Dora *(als Kaiserin):* Bitte sagen Sie ihm, ich sei auch wohlauf, und grüssen Sie ihn. Auf Wiederhören. *(Beide legen auf.)*

Musik Nr. 31:
Iris Pohl *(singt):* "Aujuste muß Kartoffeln schäl'n!
Ute Goose *(singt):* Der Kronprinz, der muß hamstern jehn!
Alle *(singen und tanzen):* O Tannebaum! O Tannebaum: Der Kaiser hat in' Sack jehaun!"

Diese beiden letzten Zeilen werden mehrfach wiederholt.

Die diversen Gruppierungen lösen sich auf zu einer gemeinsam euphorisch singenden und tanzenden Einheit.

Nur Susi sitzt noch als Staatssekretär Matthias Erzberger an Tisch 1.

Lisa: Moment-Moment! Stop-mal, stop-stop-stop!

Alles beruhigt sich.

Ich habe hier noch ein kleines Nachspiel. Während das alles passierte, in Berlin und Spa, saß die deutsche Delegation unter Staatssekretär Matthias Erzberger immer noch in Compiègne, nordöstlich von Paris, in einem Eisenbahnwaggon ohne Telefon, wartete auf Direktiven aus Berlin oder Spa und hatte keine Ahnung, was da inzwischen alles geschehen war, wie denn auch. Erst am 10. November, abends gegen halb elf, brachte ein französischer Dolmetschoffizier eine Depesche aus Berlin. Ich spiele den schnell mal selbst.

Lisa (tritt – mit französischer Offiziersmütze? – an Tisch 1 zu Susi): Bon soir, Messieurs. 'ier isch bringe Ihnen zwei dépêches. Eine von Général 'Indenbourg: "Wie übel auch immer, abschließen; es geht nicht anders." Compris? Mais l'autre, attendez: wer ist Monsieur Schlüß? Monsieur Schlüß? Sie kennen nisch Monsieur Schlüß? Diese dépêche ist signée oder unterschrieben "Reichskanzler Schlüß". Aber wir wissen: neu Reichskanzler à Berlin, das ist Monsieur Ebär, nisch Monsieur Schlüß. Alors: wer ist Reichskanzler Schlüß? Hein?

Susi: Was muß ich jetzt sagen?

Lisa: Daß Schluß so viel wie Ende bedeutet: Ende des Telegramms.

Susi: Reichskanzler Schluß bedeutet das Ende.

Lisa (wieder als Dolmetscher:) Alors, Sie unterschreiben den Waffenstillstand bis morgen, das ist elf novembre, elf Ühr. *(Wieder als Lisa:)* Und so war dann tatsächlich 1918 am 11. 11. um 11 Uhr der Erste Weltkrieg beendet.

Otto: Am Sankt-Martins-Tag.

Musik Nr. 19:

Alle *(tanzen und singen):* "Am elften Elften geht es los:
Es kommt Stimmung weit und breit,
Es kommt Stimmung weit und breit – "

Lisa *(klatscht in die Hände):* So, meine Lieben, kleine Pause, dann treffen wir uns alle wieder zur Kritik im Raum 11A. Alles klar? Ihr wart alle toll. Bis gleich.

Alle *(außer Susi gehen ab nach links, aber singend und tanzend nach DiscoArt.)*

Musik Nr. 32:
Alle *(außer Susi singen, tanzen und gehen dabei langsam ab):*
"Wie jeht's denn jetzt Wilhelm und Sohn?
Wie jeht's denn jetzt Wilhelm und Sohn?
Der Wilhelm und Sohn,
Die jehn jetzt als Clown,
Weil se niscbt mehr vadien' uff'n Thron; ja, ja:
Weil se niscbt mehr vadien' uff'n Thron!"

Susi *(währenddessen noch immer an Tisch 1 in ihr Handy):* Ja, hier ist Susi. Also, ich glaube, das wird ganz interessant. Ihr solltet das unbedingt irgendwie ... Ja, logisch: ich komme vorbei, okay, bis dann: ciao. *(Sie geht nach hinten ab.)*

PAUSE

Nach der Pause: die Bühne ist wieder leer. Nur in ihrer Mitte sind zwei der bereits bekannten kleinen Tische aneinander geschoben. Sieben Stühle stehen um sie herum.

21.

Musik Nr. 2:

Von rechts außen Orgelmusik: "Ein feste Burg ist unser Gott".

Dazu Kirchenglocken.

Pastor Finke tritt im Talar aus der rechten Nullgasse und verabschiedet wieder jeden Gottesdienstbesucher per Handschlag: tatsächlich ist es diesmal die ganze Luther-Kantorei; auch Susi ist dabei.

Die Verabschiedeten begeben sich nach links und versammeln sich in der Bühnenmitte vor den beiden Tischen, bauen sich dort im Halbkreis auf.

Auch Lola Glimpe kommt "aus der Kirche", verabschiedet sich von Pastor Finke, geht zu ihrem Chor und verteilt dort Notenblätter.

Währenddessen kommt als letzter Gottesdienstbesucher Dr. Potz-Brosam aus der Nullgasse und schüttelt Pastor Finke "gestreßt" die Hand.

Orgel und Kirchenglocken verstummen.

Finke: Guten Morgen, Herr Dr. Potz-Brosam: welch seltener Gast bei Martin Luther!

Potz-Brosam: Guten Morgen. Herr Finke, ich muß Sie dringend sprechen.

Finke: Und in welcher Angelegenheit?

Potz-Brosam: Na, was wohl: 10. November. Also, 11. November. Oder 9. November.

Lola *(gibt dem Chor Ton und Einsatz.)*

Musik Nr. 33:
Chor *(singt antiphonisch in zwei Hälften):*
"Weil nun Sankt Martin bricht herein –
Gaga, gaga! Gickgack! Gaga!
Muß seine Gans besungen sein:
Gickgack, gickgack! Gaga!

Finke hat nach Liedbeginn eine einladende Geste gemacht; er und Dr. Potz-Brosam promenieren senkrecht nach hinten. Hinten angekommen, wenden sie und kommen senkrecht nach vorn zurückpromeniert.

Der Chor *(singt inzwischen weiter):*
Die gierigieri Ga-Ga-Gans –
Die gierigaga Martinsgans –
Die hat 'nen viel zu dünnen Hals –
Die hat 'nen viel zu kurzen Schwanz –
Die Füße breit, sie läuft nicht schnell –
Die Stimme laut und viel zu grell –
Der beste Singsang, den sie kann:
Das ist gaga –

Das ist gickgack –

Gaga, gaga!

Gickgack, gickgack!

Gaga! Gickgack!

Gickgack! Gaga!

Sie gagagagert mit Geschrei:

Gagaga, gagaga!

Gickgack, gickgack: ruft sie herbei!

Gaga! Gickgack! Gaga!

Lola *(bricht ab, der Chor verstummt):* Ich glaube, da ist ein Fehler drin. Darf ich mal eben die Noten sehen?

Vera *(reicht ihr ihr Notenblatt, Lola studiert es.)*

Gerda Friebe: Eigentlich müßte ja jeder von uns 'ne Laterne haben.

Karl: Und 'ne Maske tragen.

Gerda: Und 'n Kostüm.

Lola *(beim Notenstudium):* Ja, gleich: Moment ...

Dr. Potz-Brosam *(nach vorne kommend):* Sie wissen, Herr Finke, ich pflege hoch zu pokern. Darum hatte ich den Bundespräsidenten eingeladen: als Schirmherrn oder so. Er schien auch nicht abgeneigt. Aber jetzt haben ihn auch diese dusseligen Schillerlocken drüben in Bergtal eingeladen. Und was macht nun der arme Mann?

Finke: Er geht zu denen?

Dr. Potz-Brosam: Das will ich ihm nicht geraten haben. Nee: er schreibt mir, er würde gern kommen, aber nicht zweimal. Wir sollen uns zusammentun und gemeinsam feiern. Das sei auch im Zeichen der Deutschen Einheit angesagt. "Der deutschen Zwietracht mitten ins Herz!" – anonymes Zitat vermutlich.

Finke: Ist doch von Gerhart Hauptmann, oder?

Dr. Potz-Brosam: Keine Ahnung, egal.

Finke: "Florian Geyer", oder?

Dr. Potz-Brosam: Darum geht es doch gar nicht. Es geht um die Frage: Halten Sie prinzipiell solch eine Zusammenlegung überhaupt für denkbar?

Finke: Ich persönlich schon. Aber unsre Gemeinde hier in Talberg auf gar keinen Fall. Das ist völlig ausgeschlossen.

Dr. Potz-Brosam: Aber warum denn bloß? Schauen Sie –

Lola: Nee, das ist okay. Wir machen weiter, jetzt das andre: "Den Sankt Martin"!

Pastor Finke und Dr. Potz-Brosam wenden sich wieder um, gehen gestikulierend senkrecht nach hinten, bleiben dort stehen.

Lola (gibt Ton und Einsatz):

Musik Nr. 34:

***Die beiden Chorhäften** (singen antiphonisch):*
"Den Sankt Martin soll man ehren

Und die Martinsgans verzehren.
So – "

Potz-Brosams Handy klingelt. Im folgenden telefoniert er unhörbar, während der Chorgesang weitergeht:

So fang die Gans –
So bring die Gans –
So würg die Gans –
So rupf die Gans –
So zupf die Gans –
So stopf die Gans –
So brat die Gans –
So koch die Gans –
Zerreiß die Gans –
Und beiß die Gans –
Und iß die Gans –
Und friß die Gans:
Die gebratne Gans –
Die gesottne Gans."

Potz-Brosam *(steckt sein Handy ein, reicht Finke kurz die Hand und deutet auf den Chor):* Das da ist Scheiße. Ja, ich weiß: aber Brauchtum ist heute Scheiße. Ich muß weg. *(Er geht ab nach hinten rechts.)*

Der Chor *(singt weiter und tanzt dazu: auf der Stelle stampfend):*
"Die gesottne Gans –
Die gebratne Gans –

Die junge Gans –
Die gute Gans –
Die beste Gans –
Die schönste Gans –
Die feiste Gans –
Die weiße Gans –
Die graue Gans –
Die Schnattergans –
Die Flattergans –
Die liebe Gans
Ist unsre Gans –
Ist ganz und gar
Und gar und ganz
Die Mar – tins – gans!"

Lola *(winkt ab):* Ja, vielen Dank, sehr lustig, sehr schön. Das nächste Mal machen wir es dann mit Geräuschen.

Susi: Mit was für Geräuschen?

Lola: Na, mit Knarren und Schnarren und Peitschenknallen.

Gerda: Und Rummelpott.

Karl: Rummelpott? Meinen Sie Huckelpott?

Paul: Ich kenne nur Hindeltopp.

Gerda: Und ich nur Rummelpott.

Finke: Bei uns hieß das Büllhafen.

Lola: Genau: also Lärmen ist im Martinsbrauchtum ganz unverzichtbar.

Gerda: Wie das Weintrinken: gluck-gluck. *(Sie kichert.)*

Lola: Das machen wir aber lieber anschließend. Also: bis zum nächsten Mal! Tschüs. *(Sie geht ab nach rechts.)*

Die meisten andern *(folgen ihr nach rechts oder gehen hinten ab. Dabei wird der zusammengestellte Tisch sichtbar:*

22.

An diesem zusammengeschobenen Tisch sitzen um ein Tischkruzifix bereits Ute Goose, Otto Schneider, Iris Pohl und Rolf aus dem Schiller-Chor Bergtal.

Paul Friebe, Eva Klapp und Susi aus der Luther-Kantorei Talberg setzen sich dazu.

Alle falten sie einen Stoß Blätter und stecken sie einzeln in Umschläge, die sie in einen Wäschekorb vor den Tischen werfen.

Paul Friebe: Entschuldigung für die Verspätung. Wir hatten noch Chorprobe.

Ute Goose: Die Verspätung ist zu entschuldigen. Auch eine Chorprobe ist zu entschuldigen. Nicht aber die Mitwirkung von Katholiken in diesem Chor einer Martin-Luther-Kantorei.

Paul: Also, euer Schillerchor ist ja auch nicht grade katholisch.

Ute: Darum treffen wir uns hier ja auch außerhalb.

Rolf: Außerdem soll Schiller katholische Vorfahren gehabt haben.

Paul: Na, wer hatte die nicht?

Ute: Eben: alle Deutschen sind eigentlich katholisch.

Rolf: Auch Dr. Goebbels war katholisch.

Otto: Auch Adolf Hitler war katholisch.

Eva: Sogar Martin Luther war katholisch. Wußten Sie das? Katholischer Mönch sogar. Und trotzdem war er ja evangelisch. Sowas finde ich super. Einfach beides. Deshalb bin ich in diesem Chor.

Susi: In Talberg gibt es auch gar keinen andern. Wer gern singt ...

Paul: Oder wer evangelisch verheiratet ist: wie ich zum Beispiel.

Iris: Was habt ihr denn heute gesungen?

Eva: Ach, so 'n Lied von der Martinsgans.

Paul: Zu Luthers Geburtstag: dem Martinstag.

Ute (läßt aufgestauten Unmut explodieren): So weit wind wir schon! Als hieße der Martinstag nach Martin Luther. Dabei ist es natürlich umgekehrt: Luther heißt Martin nach dem Heiligen Martin: Sanctus Martinus war ein katholischer Heiliger. Der seinen Mantel mit einem Bettler teilte: darum Kapelle, Kaplan: von Cappa, der Mantel, das Cape. Übrigens am 8. November gestorben: anno 397, nicht am 11. – aber soweit sind wir schon: typisch. Wer hier an Papst Leo den Großen erinnert, der nun wirklich an einem 10. November starb, der wird mundtot gemacht: nicht deutsch genug! Auch

Papst Paul III., der immerhin König Heinrich VIII. von England wegen Bigamie exkommunizierte, starb an einem 10. November: das wagt man schon gar nicht auszusprechen! Aber hier in unserm Faltblatt, da kriegt mein werter jüdischer Kollege die Quittung für seinen Descartes: am 9. November wurde im Jahre 324 die Lateranbasilika in Rom geweiht, heute San Giovanni in Laterano, damals noch Erlöserkirche mit der ersten Darstellung Jesu Christi an öffentlichem Orte, weil da bei dieser Kirchweih der Göttliche Erlöser Jesus Christus erschienen ist, persönlich: am 9. November 324, ein Wunder, aus der Mauer der Apsis und mit den Worten "Pax vobis!". Natürlich war das nicht in Deutschland – aber tausend Jahre lang war das der Sitz der Päpste, Herr Kollege: Mutterkirche der ganzen katholischen Welt oder Omnium Ecclesiarum Urbis et Orbis Mater et Caput, wie die Inschrift an der Fassade lautet, also Vorgängerin des Petersdomes, aber mit den abgeschlagenen Häuptern der Apostel Petrus und Paulus im Tabernakel des Baldachins, das betrifft denn wohl auch Deutschland, mit Verlaub, und alle deutschen Katholiken, Herr Kollege, ich kann nicht mehr, ich platze!

Sie springt auf und läuft im folgenden auf der Bühne umher. Die andern couvertieren indessen leicht betreten weiter.

Und anno 1215 erst mal: da wurde hier in dieser Basilika das Vierte Laterankonzil eröffnet, wieder am 9. November: mit 1200 Geistlichen aus aller Welt, auch aus Deutschland, in deren Gedränge der Erzbischof von Amalfi sogar zerquetscht wurde, einfach totgedrückt, und wo dann das Dogma der Heiligen Wandlung beschlossen wurde, immerhin, auch für die Deutschen, und der 21. Kanon und die Wiedereroberung des Heiligen Landes und die Reform der katholischen Kirche, auch ohne Herrn Luther! Und alle andern

Konzile des Mittelalters fanden ebenfalls in dieser Lateranbasilika statt! Und tausend Jahre lang wurden hier alle Könige und Kaiser ganz Europas gekrönt, auch deutsche! Und noch Papst Johannes XXIII. wollte dieser Basilika ihre alte Bedeutung wiedergeben und selbst hier begraben werden, noch anno 1963. Aber diesen 9. November der Kirchweih, den wischen Sie mir nicht vom Tisch, Herr Descartes, dafür sorgen wir mit diesem Faltblatt, das wir an alle Katholiken in Bergtal schicken, überwiegend Deutsche, Sie werden sich wundern, Herr Kollege: es gibt auch noch Geschichtslehrer!

Echauffiert setzt sie sich wieder zu den andern.

Der heilige Martin war übrigens Schutzpatron nicht nur der Gänse. Auch aller andern Vögel. Auch aller Haustiere überhaupt, auch der Pferde, auch aller Antialkoholiker ... Descartes!

Paul *(nach kleiner Pause):* Übrigens hat der Vatikan auch seine berühmte Bulle "Cum postquam" an einem 9. November herausgegeben.

Ute: Aber erst anno 1518!

Eva: Was denn für'n Bulle?

Ute: Aber natürlich sind das drei typisch katholische Feiertage, die hier begangen werden sollen, alle drei!

Paul: Bulle ist ein päpstlicher Erlaß.

Eva *(kichert):* Das ist ja scharf!

Paul: Aber in lateinischer Sprache und ohne Titel. "Cum postquam" sind bloß die ersten beiden Wörter des Textes.

Ute: Auch diese Dreizahl von Feiertagen, die da festgeschrieben wurden, ist erst in zweiter Linie typisch deutsch. In erster Linie ist sie typisch katholisch und hängt mit der Kirchweih zusammen. Auf jede Kirchweih folgte ein Volksfest, auch in Deutschland, wo es Kirmes hieß oder Kerwe und immer drei Tage dauerte, um den 9. November, immer ab Sonntag: mit Musik, Gesang und Tanz.

Iris: Und vielen langen Mahlzeiten. Und Kuchen.

Paul: Aber diese Bulle "Cum postquam" hätte den ganzen Protestantismus verhindern können, wenn sie nur etwas früher gekommen wäre.

Susi: Ach: wieso das denn?

Ute: "Heut ist Kerwe, morgen ist Kerwe, bis zum Dienstag obend", alter deutscher Spruch.

Iris: Den kenn' ich. Es gab übrigens extra Kirchweihkuchen, meine Oma machte die immer.

Paul: Meine Mutter auch noch.

Iris: So hohe, gerippte Bundkuchen.

Paul: Nee, so runde, flache Mühlkuchen

Iris: Auch Kartoffelkuchen.

Paul: Eher Obstkuchen.

Iris: Zimmetkuchen.

Paul: Zimmetkuchen? Käskuchen!

Iris: Also Rahmkuchen?

Otto: Oder Martinswecken.

Ute: Martinshörner!

Eva: Tatü-tata? *(Sie kichert.)*

Ute: Sogar im protestantischen Hamburg, noch 1883: das "Hamburger Volks-Lutherfest" – drei Tage lang: am 9., 10. und 11. November ...

Iris: "Heut ist Kerwe, morgen ist Kerwe – "

Paul: Und Kränze. Kerwekränze. Für alle.

Iris: Nee.

Ute: Aber ja. Und Dienstagabend gab es den Kerwe-Kehraus, so eine Art Galopp für alle.

Otto: "Ein feste Burg ist unser Gott" wurde übrigens im Ersten Weltkrieg auch von Katholiken gesungen, von allen: eine Art nationaler Schlachtgesang.

Ute: Na, da wär' ich nicht so sicher.

Otto: Bin ich aber. Zum Beispiel vor dem Sturm auf Nowogeorgiewsk von sechstausend deutschen Soldaten, vielleicht sogar in der Mehrheit Katholiken, gar kein Problem.

Ute: Auch der Karneval ist eigentlich nur katholisch und hat drei Haupttage: Rosenmontag, Fastnacht und Aschermittwoch.

Paul: Weil der Vatikan mit dieser Bulle vom 9. November in vielen Punkten, die Luther angegriffen hatte, nachgab. Ich sage nur "Ablaß". Aber da war es schon zu spät, die Kugel rollte.

Ute: Und der 11. November als Karnevalsanfang –

Otto: Der Heilige Martin ist ja auch der Schutzpatron aller katholischen Armeen.

Iris: Darum heißt er doch Martin: von Mars, der Kriegerische.

Ute: Also, der 11. November als Karnevalsanfang wurde als festlicher Kehraus vor dem Weihnachtsfasten gefeiert, das vierzig Tage dauerte.

Iris: Übrigens Schiller, habe ich jetzt irgendwo gelesen, hat geschrieben, daß die katholische Religion mehr für ein Künstlervolk taugt.

Ute: Ja, das deutsche.

Susi: Was meint er denn damit?

Iris: Weiß ich doch nicht.

Ute: Das Volk der Denker und Dichter.

Iris: Und das Luthertum mehr für ein Kaufmannsvolk.

Ute: Für Krämerseelen. Für Koofmichs.

Rolf: Bei uns ist ja plötzlich viel von Robert Blum die Rede.

Ute: Der war Katholik. Aus Köln.

Paul: Er hat aber ein Gedicht von 32 Strophen geschrieben, das heißt "Ein feste Burg ist unser Gott".

Ute: Ja, 1847: als Deutsch-Katholik.

Alle (lachen.)

Ute: Da gibt es gar nichts zu lachen, die nannten sich so. Weil sie ganz genau so von Rom weg wollten wie euer Luther. Noch 1845. Aber "Wir sind Katholiken und wollen es bleiben", sagt Robert Blum. Nur: wir "legen die Kirchengewalt in die Hände der Gemeinden zurück und setzen die Liebe über die Lehre". Sagt er auch. Oh, da bin ich vorbereitet, weil ich weiß, was jetzt ausbricht. Robert Blum war die Seele dieser deutsch-katholischen Volksbewegung, die er selbst eine "Schule der Demokratie" nannte. Sie war das Vorspiel zur Revolution von 1848, und er war ihr erster Held. Ja, wenn überhaupt jemand ein Held der deutschen Geschichte ist, dann Robert Blum.

Paul: Aber in Leipzig: unter Protestanten.

Ute: Er gründete da die deutsch-katholische Gemeinde, wurde ihr Vorstand und berief das erste Deutsch-katholische Konzil nach Leipzig ein. Ich habe es greifbar, was er 1845 in den "Sächsischen Vaterlandsblättern" schrieb, nur zwei Sätze, die besagen alles. *(Sie liest von einem Zettel ab):* "Wir wollen endlich aus unserer Kirche entfernen, was der gesunden Vernunft und der Natur, der Würde und Ehre des Menschen, unsern Pflichten als Menschen und Christen widerstreitet. Solcher Art aber ist die Oberherrschaft Roms, solcher Art ist die Ohrenbeichte und die Ehelosigkeit unserer Priester." Das ist in zwei Sätzen der ganze Deutsch-Katholizismus, jetzt wissen Sie's.

Paul: Oder auch in Versen von Robert Blum:
"Gefesselt in des Aberglaubens Kette,

Ein Sklave ist das deutsche Vaterland,
Entweiht des Glaubens heil'ge Tempelstätte,
Entweiht durch seiner Priester freche Hand.
Es darf kein Blick sich frei zum Himmel wagen,
Der Mund nicht stammeln, was im Busen ruht,
Denn die Vernunft, sie wird ans Kreuz geschlagen,
Verhöhnt, gegeißelt durch der Pfaffen Wort."

Iris: Klingt wie von Luther.

Paul: Luther wird von ihm als Retter beschworen:
"Erhebe dich aus deinem Sarkophage
Mit Zornesglut, du deutscher Glaubensschwan,
Steig auf, steig auf mit kühnem Flügelschlage
Und brich aufs Neu' der Wahrheit ihre Bahn –

Ute: Als Lyriker taugt Robert Blum überhaupt nichts

Paul: Auf, reiß den Glauben aus des Wahnes Banden,
Beschirm das Licht, das rings die Nacht bedroht,
Brich los, du Schlachtgesang der Protestanten:
Ein feste Burg ist unser Gott."

Susi: Und was hat das alles jetzt mit dem 9. November zu tun?

Ute: Das kann ich Ihnen sagen. Robert Blum wurde an einem 10. November geboren –

Rolf: Wie Schiller?

Paul: Wie Luther.

Ute: – und an einem 9. November wurde er erschossen.

Eva: Warum das denn?

Paul: Ein Wiener Militärgericht ignorierte seine Immunität als Parlamentarier und bestrafte ihn "mit dem Tode durch den Strang".

Ute: Er muß das geahnt haben: denn der berühmte Spruch, daß aus Soldaten bisweilen Mörder gemacht werden, stammt von ihm.

Susi: Ich denke, von Tucholsky?

Ute: Eben nicht: da haben sich schon ganz andre geïrrt.

Paul: Und in einem Brief an seine Frau, nur drei Tage vorher, schon im Gefängnis, da schreibt er: "Denkt am 10. und 11. November freundlich an mich."

Ute: Das wollen wir auch tun.

Otto: Aber da war er schon tot.

Eva: Aber warum denn bloß haben sie ihn aufgehängt, weswegen?

Paul: Wörtlich: weil er "in der Aula zu Wien durch Reden in einer Versammlung zum Aufruhr aufgeregt" hätte. Aber ein Generalmajor Hipsek verfügte dann noch schnell, dieses Aufhängen sei wegen augenblicklichen Personalmangels leider "mit Pulver und Blei durch Erschießen" zu ersetzen. Und so geschah's.

Musik Nr. 35:

Ute (singt): "Wenn euch die Leute fragen:
Wo ist Robert Blum?
So dürft ihr nur sagen:
Der ist erschossen schon.
Er hängt an keinem Galgen,
Er starb an keinem Strick,
Sondern für den Glauben
Der freien Republik."

Die andern *(erheben sich und wiederholen hymnenartig die letzten vier Verse):*
"Er hängt an keinem Galgen,
Er starb an keinem Strick,
Sondern für den Glauben
Der freien Republik."

Während dieser Wiederholung kommen zügig von rechts und links alle andern Mitglieder des Schiller- wie des Lutherchores mit je einem Stuhl auf die Bühne. Fast ruckartig ist die ganze Bühne voll.

Musik Nr. 36:

Alle (singen gemeinsam):
"O du verratnes Deutschland,
Wo ist dein Heiligtum?
Erschossen ist dein Robert,
Dein treuer Robert Blum:

Weil er gekämpft für Recht und Licht,
Weil er stets stand und wankte nicht
Fürs deutsche Vaterland,
Fürs deutsche Vaterland."

Währenddessen haben Rolf und Eva den Wäschekorb mit den couvertierten Faltblättern entfernt, kehren aber selbst auf die Bühne zurück.

Nach Ende des Liedes werden die beiden Tische schnell beiseite geräumt und die Stühle in zwei Halbkreisen aufgestellt.

Der Schiller-Chor läßt sich im linken Halbkreis, die Luther-Kantorei im rechten Halbkreis nieder.

Diese ganze Aktion sollte nicht länger dauern als der eventuëlle Applaus für die beiden Blum-Lieder. [Bleibt er aber aus, kann beim Möbelräumen auf dieselbe Melodie noch eine letzte Strophe gesungen werden:

"Und also fest im Tode
Stand da der deutsche Mann.
Der Tambour schlug den Wirbel,
Die Jäger legten an.
Die Salve krachte dumpf und schwer,
Dein treuer Robert ist nicht mehr –

Spätestens jetzt sitzt jeder der beiden Chöre in seinem Halbkreis und singt

Ade, du deutsches Land!
Ade, du deutsches Land!"]

Just wo sich diese beiden Halbkreise berühren, sitzt Susi und dreht sich auf ihrem Stuhl um 180 Grad jeweils zum Schiller- oder Lutherchor: so daß sie immer dazugehört.

23.
Uwe *(im Luther-Halbkreis hat sich gar nicht erst gesetzt):* "Dem Vaterland. Von Robert Blum:

Wie heißt das Land, an Tränen reich –
Doch ach! an Freiheit leer,
Wo zwar noch Land und Ströme gleich,
Die Zeiten nimmermehr;
Wo zwar der Geist die Schwingen regt
Und mutig aufwärts strebt,
Doch ach, durch Fesseln, die er trägt,
Gedrückt am Boden klebt?
Es ist – in schmerzerfüllter Brust
Seid dieses Wechsels euch bewußt –
In Deutschland, in Deutschland,
Dem teuren Vaterland!" *(Er setzt sich.)*

Udo *(im Schiller-Halbkreis erhebt sich und antwortet):*

"Doch ziemt's dem Mann nicht, daß er klagt,
Ihm ziemt Erhebung, Mut.

Der Hutten sprach: Ich hab's gewagt!
So wagt, und es wird gut.
Eilt für die Freiheit Hand in Hand
Zur Geistesschlacht herbei,
Dann wieder wird das Vaterland
Auch stark und licht und frei!
Dann jauchzt das Volk aus voller Brust:
Das Land in blühender Freiheitslust
Ist Deutschland, ist Deutschland,
Das teure Vaterland!" *(Er setzt sich.)*

Finke *(rechts)*: Wir warten noch auf Dr. Potz-Brosam.

Ute *(links)*: Aber als Lyriker taugt Robert Blum überhaupt nichts.

Lisa *(links)*: Das ist unfair. Er ist doch gar kein Lyriker.

Susi *(links)*: Sondern?

Lisa *(links)*: Der deutsche Che Guevara.

Max *(links)*: Ja: genau so erfolglos.

Tim *(links)*: Daß Sie das eben sagen konnten – ungehindert und folgenlos: das genau ist Robert Blums Erfolg. Wir leben jetzt in einem freien Lande.

Dora *(links)*: Ja, wir. Aber er wurde hingerichtet. Obwohl er Parlamentarier der Frankfurter Paulskirche war.

Tim *(links)*: Er wurde ermordet nicht obwohl, sondern weil er da Parlamentarier war. Er ist der Märtyrer unsrer Demokratie.

Susi (links): Bloß leider geheim. Das weiß hier kein Mensch mehr.

Otto (links): Weil am Tag seiner Hinrichtung in Berlin unser Papa Wrangel Gott sei Dank den Befehl zum Einmarsch gab: Ende der Revolution.

Tim (links): Und Gedenkfeiern für Robert Blum waren seitdem natürlich verboten.

Bickel (links): Auch die vielen Lieder auf ihn, über vierzig, wurden nur noch geheim gesungen. Bis Ebert kam.

Lutz (links): Aber die Deutschen im Ausland feierten seinen Todestag meist zusammen mit Schillers Geburtstag.

Lisa (links): Das sollten wir übernehmen.

Anna (links): Aber in Wien ging noch am selben 9. November 1848 Goethes Enkel Walther zum Zeughaus und lieferte da seinen Degen der Nationalgarde ab.

Susi (links): Warum das denn?

Anna (links): Weil alles aus war: nach dieser Erschießung.

Dr. Senge (links): Dabei fällt mir ein: wir haben eine Einladung nach Weimar mit unsrer Schillerfeier. Zum Kunstfest der Kulturstadt Europas. Allerdings nur unter einer Bedingung: Goethe muß vorkommen. Wegen seines Geburtstages demnächst. Frage: hat jemand von Ihnen beim Recherchieren was über Goethe am 9. November gefunden?

Alle (links, schweigen.)

Dr. Senge (links): Oder auch am 10. oder 11. November?

Alle (links, schweigen.)

Dr. Senge *(links)*:   Also, absagen dürfen wir da auf gar keinen Fall. Sonst gehn noch die Talberger hin. Na, Frau Stein, Sie als Goethe-Expertin: wollen Sie das übernehmen und nachforschen? Das mit dem Enkel in Wien ist doch schon ein schöner Einstieg.

Anna *(links)*:   Und am 10. November 1775: da lernte der 26jährige in Weimar Charlotte von Stein kennen.

Alle (links, lachen.)

Anna *(links)*:   Oder erst am elften. Weiß ich nicht so genau. Am 10. oder 11. November: da fing das an – diese sogenannte Liebesgeschichte ...

Dr. Senge *(links)*:   Und am 9. November? Ich meine jetzt generell, auch ohne Goethe: was ist in Deutschland an einem 9. November passiert? Frage an alle: was hätten wir denn da als Bergtaler alles anzubieten? Na?

Alle (links, schweigen.)

Potz-Brosam *(kommt rechts hereingestürmt)*:   Entschuldigung. Aber ich komme direkt aus einer Krisensitzung. Wegen der Finanzierung Ihrer Fête. Nicht grade rosig, ich sehe da schwarz. *(Er setzt sich in den Luther-Halbkreis.)* Ich muß auch gleich wieder weg. Also, wie sieht es aus mit dem 11. November? Resultate, aber schnell!

Paul *(rechts)*:   Am 11. November 1417 wird auf dem Konstanzer Konzil das sogenannte Schisma beëndet.

Potz-Brosam *(rechts)*:   Ja, und?

Paul *(rechts):*   Na, statt dreier Päpste, die sich bekämpfen, wieder nur noch einer.

Potz-Brosam *(rechts):*   Also, Katholisches gehört nach Bergtal, generell.

Ute *(links):*   Am 9. November 1903 hält der neugewählte Papst Pius X. das erste Konsistorium seiner Kardinäle ab und eröffnet mit einer Antrittsrede über Glauben und Wissen seinen Kampf gegen den sogenannten Modernismus.

Susi *(links):*   Was ist das denn?

Ute *(links):*   Der Versuch, naturwissenschaftliche Erkenntnisse der Neuzeit mit dem christlichen Glauben zu vereinbaren.

Dr. Senge *(links):*   Gab es noch mehr bei den Protestanten. Ist auch was Protestantisches: gehört vielleicht eher nach Talberg.

Vera *(rechts):*   Am 11. November 1964 erklärt die Bundesregierung unter Bundeskanzler Adenauer, daß die Naziverbrechen laut Grundgesetz nach zwanzig Jahren für verjährt zu gelten haben.

Karl *(rechts):*   Vonwegen.

Vera *(rechts):*   Naja, bei den Morden der Nazis wird diese Verjährung schließlich verlängert: um ganze vier Jahre.

Otto *(links):*   Schon 1949 erhalten genau am 9. November alle Parteigenossen der NSDAP und Offiziere der deutschen Wehrmacht in der ach, so antifaschistischen DDR ihre sämtlichen bürgerlichen Rechte zurück, auch aktives und passives Wahlrecht.

Udo (links): Die Bundesrepublik wird am selben Tage in den Europarat aufgenommen.

Potz-Brosam (rechts): Sonst noch was?

Uwe (rechts): Ja, also in den Vereinigten Staaten, da ist der 11. November Nationalfeiertag, und auf den Glockenschlag elf Uhr, also vormittags, ich hab' das neulich selbst erlebt, da wird im ganzen Lande so 'ne Art Schweigeminute abgehalten, weil in diesem Augenblick 1918 der Erste Weltkrieg beëndet wurde. Die nannten das früher Armistice Day oder so ähnlich, Tag des Waffenstillstands, und heute Tag des Veteranen, Veterans' Day.

Potz-Brosam (rechts): Eine Geste der Siegermächte. Wir brauchen hier Deutsches. Nix?

Karl (rechts): Aber ja. Am 11. November 1936 fährt Rudolf Caracciola mit Mercedes. made in Germany, einen seiner siebzehn Weltrekorde für Deutschland.

Markus (rechts): Und am selben 11. November 1936 schreibt Thomas Mann die erste Seite von "Lotte in Weimar".

Tim (links): Seine Tochter Erika Mann hat am 9. November Geburtstag.

Vera (rechts): Hans Magnus Enzensberger hat am 11. November Geburtstag.

Lena (links): Und am 9. November Kollege Turgenjew.

Paul (rechts): Und am 11. November Kollege Dostojewskij.

Potz-Brosam (rechts): Keine Ausländer, bitte! Nur Deutsche.

Finke (rechts): Gut. Ein großer deutscher Kollege empfing am 11. November das Heilige Sakrament der Taufe, 1759. Na, Herr Doktor Potz-Brosam: null Punkte, no points? Friedrich Schiller.

Potz-Brosam (rechts): Gehört nach Bergtal, bitte: ja?

Dora (links): Und am 9. November 1531 wurde Luthers zweiter Sohn geboren: Martin Luther junior.

Dr. Senge (links): Gehört nach Talberg, bitte: ja?

Finke (rechts): Als dieses Kind von seiner Mutter gestillt wurde, sagte Vater Luther: "Diesem Kind ist feind Papst, Bischöfe, Herzog Georg, Kaiser Ferdinand und alle Teufel".

Susi (rechts): Versteh ich nicht: wieso denn?

Lola (rechts): Na, weil die Mutter Nonne und der Vater Mönch war.

Potz-Brosam (rechts): Weiter, bitte.

Finke (rechts): Aber gern. Denn Vater Luther fuhr fort: "Das Kindlein fürcht sich nichts vor ihnen allen, sondern saugt den Zitzen mit Freuden, fragt nichts um seine Feinde, ist guter Ding und läßt sie zürnen".

Potz-Brosam (rechts): Das lassen wir aber weg.

Susi (rechts): Warum denn?

Potz-Brosam (rechts): Sonst noch was zum Elften im Elften?

Eva (rechts): Ja, 1911, also am elften Elften elf: da treten in Paris bei einer Modenschau zum ersten Mal Frauen in Hosen auf. Aber nicht als Karnevals-Gag: der Vatikan ist empört.

***Potz-Brosam** (rechts):* Dann gehört es nach Bergtal.

***Lisa** (links):* Gern. Das ist damals ein markantes Politikum der Frauenbewegung.

***Dr. Senge** (links):* Aber nur in Paris: noch lange nicht in Deutschland! Deutsches! Deutsches!

***Lola** (rechts):* In Deutschland beschließt die evangelisch-lutherische Landeskirche von Schleswig-Holstein am 11. 11. 66, daß Frauen Pfarrer werden dürfen.

***Vera** (rechts):* Dieser 11. 11. ist sowieso total politisch: auch als Karnevalsanfang.

***Potz-Brosam** (rechts):* Genau. Um 11 Uhr 11 geht in allen Rathäusern die Schlüsselgewalt in die Hände der Narren über: helau!

***Vera** (rechts):* Nein, aber diese Narrenzahl elf – oder auch der berühmte Elferrat: jedes Mitglied ist da eine autonome Eins. Eins steht souverän neben eins – eine Einheit aus lauter einzelnen Einsen. Oder eben die Gleichheit unter der Narrenkappe.

***Lutz** (links):* Das ist nicht politisch, das ist philosophisch.

***Uwe** (rechts):* Ach was. Das wurde eingeführt, als Napoleon tot war, und griff die Ideale der Französischen Revolution wieder auf. Denn elf: das ist E – L – F.

***Susi** (rechts):* Und was ist E – L – F – ?

***Uwe und Vera** (rechts, im Chor):* **Égalité – Liberté – Fraternité**.

Potz-Brosam (rechts): Das ist ja super, wie das französische Benzin. Nicht vergessen, super.

Anna (links): Aber in der orientalischen Zahlenmystik ist die Eins die Zahl des Mannes: also was Phallisches.

Lutz (links): Ach.

Ruth (links): Und die Frau?

Anna (links): Ist die Null.

Lutz (links): Und die Elf?

Anna (links): Na, zweimal Phallos kombiniert.

Susi (links): Ja, logisch!

Lutz (links): Ich verstehe.

Ruth (links): Schiller läßt im "Wallenstein" seinen Astrologen sagen: "Elf ist die Sünde. Elfe überschreitet / Die zehn Gebote."

Götz (rechts): Der Elfmeter ist aber keine Sünde: manchmal die Erlösung.

Einige Männer (lachen).

Wolf (rechts): Ja, eben: die Fußballmannschaft – warum grade elf?

Götz (rechts): Na, was Supermännliches. Geil.

Dr. Senge (links): Aber im supermännlich geilen alten Sparta, da gab es die elf Dionysiaden: das waren elf Frauen, die bei den Dionysos-Feiern alle ausschweifenden Abartigkeiten der spartanischen Männer verhindern sollten.

Eva (rechts, zu Vera): Ah, ich verstehe: Spartakus – Wanderer, kommst du nach Spar –

Uta (links): Aber im alten Rom, ja? Da war der 9. November schon sowas wie unser Allerseelen –

Potz-Brosam (rechts): Apropos elf, übrigens: im Wappen der Stadt Köln, da gibt es elf Flämmchen, die die elftausend Jungfrauen der Heiligen Ursula darstellen.

Pastor Finke (rechts): Sowas Katholisches gehört doch eher nach Bergtal, oder?

Uta (links): Bloß daß es da nicht Allerseelen hieß, sondern Lemuria. Weil es das Versöhnungsfest der Lemuren war.

Susi (links): Dieser Affenkatzen auf Madagaskar: die so springen?

Uta (links): Nein, in Rom waren Lemuren die ruhelosen Geister der Toten. Ihnen zu Ehren blieben am 9. November alle Tempel geschlossen. Zur Sühne. Und zu ihrer Befriedung servierte jeder Hausvater schwarze Bohnen.

Gerda Friebe (rechts): Können wir jetzt nicht endlich singen? Ich dachte, wir haben Chorprobe.

Paul Friebe (rechts): Ja doch, Schätzchen: zum Beispiel die sogenannte Hunderteins-Melodie. Oder Eins-null-eins-Melodie: vom Karneval 1827. Komm, Karl!

Musik Nr. 37:

Paul, Gerda und Karl *(rechts, singen):*

"Die Welt ist rund geschaffen
Und auf ihr geht's auch rund.
Tralala.
Die klein' und großen Affen,
Sie treiben's toll und bunt,
Tralala:
Beklaffen, gaffen, raffen
Und mühn sich krank und wund!"

Gerda *(ruft):* Alle!

Viele *(rechts, singen mit):*

"Die Welt ist rund geschaffen,
Und auf ihr geht's auch rund,
Tralala,
Die klein' und großen Affen,
Sie treiben's toll und bunt:
Tralala, tralala, tralala!"

Potz-Brosam *(rechts):* Ja, super. Und bloß nicht die Roten Funken vergessen mit ihrem anti-preußischen Kommando "Ausschwärmen zum Bützen!" Aber nicht jetzt, nicht jetzt: erst bei der Fête.

Susi *(rechts):* Was heißt denn das: Bützen?

Potz-Brosam *(rechts):* Werden Sie dann schon erleben. Aber mal weiter, ich muß weg.

Ute (links): Aber der ganze Karneval: der ist natürlich sehr viel älter als dieses Eins-null-eins oder E-L-F der Französische Revolution. Schon 1381, ja? Da hat genau am 10. oder 11. November ein Kölner Erzbischof, der sein Amt leider niedergelegt und geheiratet hatte, in Cleve am Niederrhein einen Jekkenorden für eine Jeckengesellschaft gestiftet: ihr Kennzeichen war ein Hanswurst mit Narrenmütze und Schnabelschuhen. Ihre Parole: "Verbrüderung mit völliger Gleichheit in Rechten und Pflichten": anno 1381!

Paul (rechts): Genau. Aber politisch sind ja oft auch die Rosenmontagszüge. Oder die Karnevalslieder.

Potz-Brosam (rechts): Hochpolitisch: "Wer soll das bezahlen? Wer hat so viel Geld?"

Alle (rechts, lachen.)

Hans (links): Oder Willi Ostermanns Karnevalsschlager nach der Machtergreifung 1933: "So schön wie augenblicklich, so schön war es noch nie".

Dr. Senge (links): Ja, wunderbar: schreib das auf.

Potz-Brosam (rechts): Sonst noch was? Aber schnell.

Gerda Friebe (rechts): Chorprobe!

Veit (rechts): Ja, und am 11. November 1804 hat in Weimar ein bekannter deutscher Dramatiker, dessen Namen ich hier nicht nennen darf, sein letztes abgeschlossenes Bühnenstück präsentiert: "Die Huldigung der Künste". In Weimar.

Einige wenige (lachen).

Potz-Brosam (rechts): Weiter!

Markus (rechts): Und am 11. November 1918 wurde auch aus dem Kaiserreich Österreich eine Republik.

Susi (rechts): Hatten wir schon.

Markus (rechts): Aber nicht als Ende der Habsburger Dynastie: nach fast 650 Jahren.

Vera (rechts): Und noch am selben 11. November 1918 erklärte der österreichische Staatsrat die eben ausgerufene neue Republik zum Bestandteil des Deutschen Reiches. Die brauchten gar keinen Hitler für ihren Anschluß.

Max (links): Dafür waren sie auch der erste westliche Staat, der sich von Honecker besuchen ließ: und wann? Am 10. November 1980.

Otto (links): Aber schon fünf Jahre vorher war Walter Scheel als erster Bundespräsident zum Staatsbesuch in Moskau: am 10. November 1975.

Potz-Brosam (rechts): Na und? Das sind doch alles peanuts. Für Ihre Fête brauchen Sie essentials. Also? Fehlanzeige? Nix mehr?

Lola (rechts): Doch. Am 11. November 1945 begann in Nürnberg der Prozeß gegen die deutschen Hauptkriegsverbrecher.

Potz-Brosam (rechts): Das war international, nichts Deutsches. Der Nürnberger Gerichtshof war international. Sorry. Sonst nichts mehr?

Markus (rechts): Doch. Ich würde gern unser Leitmotiv Descartes noch einmal aufgreifen.

Potz-Brosam (rechts, kalauert): "Ich denke nicht, also bin ich?" *(Er lacht sich tot: als Einziger.)*

Markus (rechts): "Am 11. November 1620", das notiert sich der 24jährige Freiwillige in der Truppe des deutschen Herzogs von Bayern, ja? - "da begann ich, die Grundlagen einer wunderbaren Erfindung zu erkennen" –

Dr. Senge (links): Ja, Moment mal: nachdem er 20jährig an der Universität Poitiers zum Baccalaureus und Lizentiaten der Rechte promoviert worden war: auch am 9. November – 1616.

Potz-Brosam (rechts): Na, nebbich.

Lutz (links): Aber am 11. November 1793 schreibt Schiller gleich zwei der wichtigsten Briefe an seinen Mäzen, den Prinzen von Schleswig-Holstein. "Woran liegt es", fragt er da, "daß wir noch Barbaren sind?" An unserer Angst, erwidert er selbst, vor dem, was er das "Tageslicht deutlicher Erkenntnisse" nennt. Und er fordert: "Ermanne dich, weise zu sein."

Dr. Senge (links): Was hat denn das mit Descartes zu tun?

Lutz (links): Diese beiden Schillerbriefe gehören später zum Grundstock seiner "Ästhetischen Erziehung des Menschen" und rechnen philosophisch auch mit Descartes ab: also, mit dessen mechanistischem Denken. Nur in zwei Sätzen *(er verliest):*

"Nicht weil wir denken, wollen, empfinden, sind wir;
nicht weil wir sind, denken, wollen, empfinden wir.
Wir sind, weil wir sind;

wir empfinden, denken und wollen,
weil außer uns noch etwas anderes ist."

Potz-Brosam *(rechts):* Haarspaltereien!

Lutz *(links):* Hieraus leitet er dann die Idee der Freiheit ab: auf unserm Wege zur Gottheit.

(Pause.)

Dr. Senge *(links):* Wann genau war das?

Lutz *(links):* Am 11. November.

Dr. Senge *(links):* Aber der 11. November gehört nach Talberg, sorry.

Wolf *(rechts):* Am 11. November 1940 übergibt die Firma Ford der amerikanischen Armee einen neuen Allzweck-Geländewagen mit Vierrad-Antrieb: den Jeep.

Karl *(rechts):* Deutsch bleiben, deutsch bleiben!

Wolf *(rechts):* Fahren die Deutschen keinen Jeep?

Veit *(rechts, erhebt sich und geht ab nach rechts vorn.)*

Gerda *(rechts):* Chorprobe! Chorprobe!

Anna *(links):*
"Denk ich, so bin ich? Wohl! Doch wer wird immer auch denken?
Oft schon war ich, und hab wirklich an gar nichts gedacht!"

Viele *(links, lachen.)*

Lisa *(links):* Ist das Goethe?

***Anna** (links):*   Oder Schiller. Oder beide: ein bleibendes Geheimnis ihrer gemeinsamen "Xenien".

***Bickel** (links):*   Aber am 9. November 1972, Entschuldigung: da geben die vier Besatzungsmächte ihre Zustimmung bekannt, daß die Bundesrepublik in die Vereinten Nationen aufgenommen wird.

***Lola** (rechts):*   Und die DDR genau so, Herr Kollege, die DDR genau so: und am selben 9. November 1972!

***Lutz** (links):*   Ich möchte aber noch einmal von Robert Blum sprechen. Seine politische Karriere als Freiheitskämpfer fing mit Schiller an. Dieser Sohn eines Faßbinders und eines Dienstmädchens aus Köln, dieser Klempnergeselle und Theaterdiener ohne Schulabschluß gründete in Leipzig den Schiller-Verein und organisierte da alljährlich zum 10. November, an seinem eigenen Geburtstag also, Schillerfeiern genau wie wir heute.

***Uwe** (rechts):*   Und das Gartenhäuschen in Leipzig-Gohlis, wo Schiller am "Don Carlos" schrieb –

***Lutz** (links):*   Und das "Lied an die Freude" –

***Uwe** (rechts):*   Das bekam seine erste Gedenktafel erst von Robert Blum.

***Lutz** (links):*   Genau. Und am 9. November 1840 hielt er die erste seiner berühmt gewordenen Schiller-Reden.

***Uwe** (rechts):*   Und am 11. November 1841 die zweite eben in diesem Gohlis: " 'Geben Sie Gedankenfreiheit!' ", sagt er da, "das ist nicht mehr die Stimme des einzigen Menschenfreundes, die in den Mauern des Machthabers verhallt: nein, es ist die vereinte Stimme aller Gebildeten unseres Volkes" – Geben Sie Gedankenfreiheit.

Lutz (links): Jaja, aber in seiner ersten Schiller-Rede darf er noch improvisieren, ohne Zensur. Und da sagt er eben:

"Nicht den Menschen der profanen Wirklichkeit mit seinen Verkrüppelungen, Blößen und Entartungen zu schildern, war die Aufgabe dieses Genius, sondern Musterbilder erreichbarer Vollkommenheit."

Uwe (rechts): Schiller, sagt der Politiker Blum, "sucht die Freiheit, die der gegebene Staat nicht gewährt, in den Wäldern und will Recht und Ausgleich schaffen in der verdorbenen Welt".

Lutz (links): "Was gibt es Reineres, Zarteres, Unschuldigeres", sagt er über Schillers Gestalten. "Es sind Engel, die er herabgeholt vom Himmel, Genien der Unschuld in Freude."

Anna (links): "Verraten wie Robert Blum": das sagte meine Mutter jedesmal, wenn ich einem vertraut hatte, der es nicht wert war.

Finke (rechts): Oder wenn jemand schuldlos vor einem Trümmerhaufen seines Lebens stand, hieß es immer "Erschossen wie Robert Blum".

Potz-Brosam (rechts): Tja: tempi passati.

Finke (rechts): Meinen Sie?

Musik Nr. 36:

***Vera** (rechts, singt):*   "Die Kugel, die ihn troffen,
Sie fliegt noch lange nach:
Die Kugeln fliegen, fliegen,
Sie fliegen Tag und Nacht."

Pause.

Am Platz des klassischen Souffleurkastens wird eine Art Bodenluke hochgeklappt oder jetzt erst beleuchtet, so daß sich ein Gebilde wie der Souffleurkasten zum Zuschauerraum hin öffnet.

In diesem Unterschlupf erscheint jetzt Veit aus der Luther-Kantorei, schaut auf seine Armbanduhr, läßt sich nieder und überläßt sich dem Warten.

***Vera**, **Markus** (rechts) **und Tim** (links, singen):*
"Die Kugeln fliegen, fliegen,
Sie fliegen Tag und Nacht."

***Potz-Brosam** (rechts):*   Na, super. Das wär's dann? *(Er schaut auf seine Uhr.)*

***Lola** (rechts):*   Nein. Am 11. November 1988 muß in Bonn Philipp Jenninger als Präsident des Deutschen Bundestages zurücktreten, weil er am 10. November 1988 bei der offiziellen Gedenkfeier des westdeutschen Parlaments zum 50. Jahrestag der Reichskristallnacht eine Rede hielt, die den Pogrom zu rechtfertigen schien.

***Rolf** (links):*   Ein Märtyrer.

***Hans** (links):*   Und Jenninger selbst: "Nicht alles darf man beim Namen nennen – in Deutschland."

Susi (links): Na, was denn zum Beispiel nicht?

Otto (links): Zum Beispiel daß am Tage der Kristallnacht selbst, am 10. November 1938, auch in Italien ein Rasseschutzgesetz in Kraft trat: italienische Juden waren ab sofort von allen Berufen im Wehr- oder Staatsdienst und von Verheiratungen mit arischen Italienern ausgeschlossen.

Max (links): Deutsch bleiben!

Bickel (links): Na, in Deutschland war schon ein Jahr vorher das Erbrecht verändert worden: wer einen Juden oder Mischling heiratet, war automatisch vom Pflichtteil ausgeschlossen: genau seit dem 9. November schon 1937!

Veit (in seinem Unterschlupf kämpft erfolglos gegen den Schlaf.)

Markus (rechts): Und am selben Tage eröffnete Herr Dr. Goebbels in München die Ausstellung "Der ewige Jude": im Deutschen Museum.

Hans (links): Also, Moment: nicht immer nur das deutsche Nest beschmutzen. Bloß ein Jahr später, genau am 9. November 1938, gab die englische Regierung ihren Palästinaplan bekannt: an dessen Folgen leiden wir noch heute.

Potz-Brosam (rechts): Deutsch bleiben!

Gerda (rechts): Chorprobe!

Susi (links): Palästinaplan?

Hans (links): Ja, Palästina sollte in drei Staaten aufgeteilt werden: an Engländer, Juden und Araber.

Dr. Senge (links): Deutsch bleiben!

Hans (links): Ist es doch: pünktlich zur deutschen Reichskristallnacht für deutsche Juden – ein Land zum Auswandern.

Lutz (links, erhebt sich und geht nach links vorn ab.)

Gerda (rechts): Wann singen wir endlich? Chorprobe!

Karl (rechts): Aber in Westberlin wird schon 1957 am 10. November wieder mit dem Bau eines Jüdischen Gemeindezentrums angefangen: ausgerechnet am selben Platz, wo genau vor neunzehn Jahren die Synagoge brannte.

Hans (links): Genau. Und schon am 11. November 1922 bekam der deutsche Jude Albert Einstein sogar den Nobelpreis.

Rolf (links): Na, bitte. Und als 1939 im Münchner Bürgerbräukeller bei den Feierlichkeiten ausgerechnet zum 9. November ein Attentat auf Hitler daneben ging, wurden dafür in Buchenwald am selben 9. November bloß 21 Juden erschossen, keine Zehntausende: und das mitten im Kriege, 1939!

Hans (links): Nur die Ruhe!

Vera (links): Aber obwohl der Attentäter gar kein Jude war.

Hans (links): Dr. Goebbels notierte noch am selben 9. November in seinem Tagebuch: "Manuskript zu dem Film 'Jud Süß' gelesen. Der erste wirklich antisemitische Film."

Dora (links): Am selben Tage wurde Björn Engholm geboren.

Susi (links): Wer?

Gerda (rechts): Frau Glimpe: wann singen wir jetzt endlich?

Lutz (erscheint im Unterschlupf und weckt Veit): Entschuldige, ich kam da nicht früher raus.

Zur Begrüßung küssen sie sich auf den Mund

Lutz (unten): Hallo, Uschi!

Veit (unten): Hallo, Lulu. *(Er schaut auf die Uhr.)* Warten wir noch?

Lutz (unten): Ja, sie kommt bestimmt.

Veit (unten): Die alte Schlampe.

Gerda (oben rechts): Ich dachte, wir haben Chorprobe.

Wolf (rechts): Aber am 10. und 11. November 1938 ruft Dr. Goebbels in Rundfunk und Presse zur Beëndigung des Pogroms auf, persönlich: "Die endgültige Antwort auf das jüdische Attentat in Paris wird auf dem Wege der Gesetzgebung oder Verordnung erteilt."

Potz-Brosam (rechts, schaut auf die Uhr, erhebt sich und geht rechts vorn ab.)

Lutz (unten): Die sollen ja auch beide schwul gewesen sein.

Veit (unten): Wer jetzt?

Lutz (unten): Na, Attentäter und Opfer: Herschel Grynszpan und dieser deutsche Legationsrat in Paris.

Rolf (links): Aber schon bei Kaiser Wilhelm durften die Juden weder Beamte noch Offiziere werden.

Veit (unten): Und waren die wirklich beide schwul?

Lutz (unten): Na, jedenfalls haben die Nazis den Schauprozeß gegen Herschel deswegen abgeblasen: immerhin!

Veit (unten, feixend): Ab-geblasen?

Rolf (links): Schon 1913 findet in Hamburg am 9. November die Hauptversammlung des "Verbandes deutscher Juden" statt. Zweitausend Langnasen beschweren sich da über wachsenden Rassismus im Kaiserreich. Schon damals.

Ruth (links, erhebt sich und geht vorn links ab.)

Gerda (rechts): Oder ist das heute gar keine Probe?

Veit (unten): Versteh ich nicht: weshalb haben die ihren Schauprozeß abgeblasen?

Lutz (unten): Na, weshalb wohl? Überleg mal.

Rolf (links): Zweitausend Juden verlangten damals schon die Gleichberechtigung aller deutschen Staatsbürger.

Lutz (unten): Na, wenn rausgekommen wäre, daß Hitler persönlich beim Staatsbegräbnis einer kleinen Tunte erschienen war, die ein polnisch-jüdischer Stricher abgeknallt hatte!

Veit (unten): Und dafür so ein Pogrom wie die Reichskristallnacht?

Markus (rechts): Aber noch 1975 verurteilt in New York an unserm 10. November die Vollversammlung der UNO den Zionismus als eine Form des Rassismus: mit Stimmenmehrheit, 1975!

Veit (unten): Wie haben die den überhaupt erwischt?

Lutz (unten): Wer wen?

Veit (unten): Na, die Nazis den Herschel Grynszpan. Der war doch in Frankreich?

Lutz (unten): Ja, später im Kriege, in Toulouse. Mit Hilfe der französischen Nazi-Regierung in Vichy. Halb Frankreich war doch damals deutsch.

Karl (rechts): Aber am 11. November 1942 ließ Hitler endlich im französischen Rundfunk einen Aufruf an die Franzosen und seinen Brief an den Staatschef Pétain verlesen. *(Er verliest:)* "Herr Marschall! Ich beehre mich, Ihnen, Herr Marschall, zu meinem Leidwesen mitteilen zu müssen, daß ich meinen Truppen den Befehl gegeben habe, auf schnellstem Wege durch Frankreich hindurch die Mittelmeerküste zu besetzen. Die deutsche Wehrmacht kommt aber nicht als Feind des französischen Volkes."

*Ruth (zwingt sich mühsam in den Unterschlupf des seitenverkehrten Souffleurkastens zu **Lutz** und **Veit**.)*

Musik Nr. 38:

Karl (rechts, erhebt sich und singt): " ... Über die Maas –

*Wolf (rechts, singt mit **Karl** mit):* Über Schelde und Rhein –

Otto, Hans, Rolf und Max (links, erheben sich und stimmen ein): Marschieren wir siegreich nach Frankreich hinein –

Karl (rechts): Hi – nein!

Sie alle: Marschieren wir, marschieren wir
Nach Frankreich hinein."

Ruth *(unten):* Wann werden wir uns auch in Bergtal oder Talberg wo anders treffen können als immer nur in Kellern oder Höhlen?

Veit *(unten):* Ist doch kuschelig.

Udo *(links):* Aber nur einen Tag vorher, am 10. November, hatte Hitler in München den französischen Ministerpräsidenten Laval empfangen, ohne ihm zu sagen, daß am nächsten Morgen auch noch der Rest seines Landes von Deutschland besetzt wird: früh um sieben. Laval erfuhr das erst um acht.

Lutz *(unten, zu **Ruth**):* Weißt du nicht, was der Europarat in Straßburg beschlossen hat?

Ruth *(unten):* Nee. Vermutlich die Unterbringung aller Homosexuëllen in Ghettos.

Veit *(unten):* Na super: ohne Heteros!

Alle drei *(unten, lachen.)*

Dr. Senge *(links):* Dieser Einmarsch der Deutschen im restlichen Frankreich war ein historischer Wendepunkt.

Lutz *(unten):* Nee, in Straßburg wurde am 9. November 1994 eine Rahmenkonvention zum Schutze von Minderheiten beschlossen.

Ruth *(unten):* Ach, darum fühle ich mich hier unten so beschützt.

Lutz *(unten):* Du, sowas gab es noch nie.

Dr. Senge *(links):* Drei Tage vorher waren nämlich die Alliïerten in Marokko und Algerien gelandet, am 8. November 1942. Das war ante portas der Einstieg der USA in den Zweiten Weltkrieg, also für Deutschland der Beginn vom Ende.

Max *(links):* Ja, und gleichzeitig, am 10. November, begann in Stalingrad, das schon zu neun Zehnteln deutsch war, unser Angriff auf das Hüttenwerk "Roter Oktober": auch da also der Anfang vom Ende.

Karl *(rechts):* An diesem 9., 10. und 11. November begann die Katastrophe: der Untergang Deutschlands.

Tim *(links):* Seine Rettung.

Karl *(rechts):* Aber der Führer sagte damals in seiner Rede zum 9. November, also wörtlich: "Wenn der Feind noch so dräut, dann muß man sich eben zu dem Lutherischen Wort bekennen: 'Und wenn die Welt voll Teufel wär', es wird uns doch gelingen'."

Musik Nr. 2:

Karl *(rechts, singt):* "Und wenn die Welt voll Teufel wär
Und wollt' uns gar verschlingen –

Wolf *(rechts)****, Hans und Otto*** *(links, stimmen mit ein):*
So fürchten wir uns nicht so sehr –
Es soll uns doch gelingen."

Lutz (unten):
"Wo rohe Kräfte sinnlos walten,
Da kann sich kein Gebild gestalten."

Ruth (unten): Was willst du hier mit Schiller?

Lutz (unten): Grade hier.

Veit: Wieso grade hier?

Finke (rechts, übernimmt die Opposition und singt allein weiter):
"Der Fürst dieser Welt –

Der Luther-Chor (rechts, stimmt unter Lolas Dirigat ein):
Wie sau'r er sich stellt,
Tut er uns doch nicht,
Das macht, er ist gericht'.
Ein Wörtlein kann ihn fällen."

Dr. Senge (links): Ja, und genau ein Jahr später schon schickte Himmler den Chef seines Geheimdienstes nach Stockholm, um hinter Hitlers Rücken mit Unterhändlern der USA über einen Waffenstillstand zu reden: am 9. November 1943.

Udo (links): Militärische Niederlagen am 9. November sind jedes Mal auch eine Straße zum Frieden.

Susi (links): Zum Beispiel 1918?

Veit (unten): Was meintest du vorhin mit "Grade hier": war Schiller denn schwul?

Lutz (unten): Na, wer denn sonst?

Musik Nr. 39:

Lutz (unten, singt):
"Wem der große Wurf gelungen,
Eines Freundes Freund zu sein – "

Veit (unten, freudig überrascht): Ach so ... !

Ruth (unten): Aber *(sie singt):*
"Wer ein treues Weib errungen,
Mische seinen Jubel ein."

Lutz (unten): Aber *(er singt):*
"Alle Menschen werden Brüder" – keine Schwestern!

Alle drei (unten, lachen.)

Ruth (unten): Schönen Gruß von der Dagmar, übrigens: die hat morgen Examen. Aber nächstes Mal bring ich sie wieder mit.

Veit: Und ich den Götz, der ziert sich noch als halber Katholik –

Ruth: Oder als ganzer Neo-Nazi?

Veit: Da sucht er bloß junge Männer.

Lutz (unten): Oder Michael Kühnen.

Veit (unten): Genau, der ist fällig.

Udo (links): Oder zum Beispiel 1962. Da wurde der Dritte Weltkrieg überhaupt nur verhindert, weil Chruschtschow die sowjetischen Raketen aus Cuba wieder wegschaffen mußte. Auch das ging damals am 9. November los.

Paul (rechts): Oder 1973. Nach dem Suëz-Krieg wurde der Waffenstillstand zwischen Ägypten und Israel am 11. November geschlossen.

Uwe (rechts): Und drei Jahre später verkündete der ägyptische Präsident Sadat seine Bereitschaft zum Friedensvertrag mit Israel: eine Weltsensation – am 10. November 1976.

Bickel (links): Ja, und genau ein Jahr später, wieder am 10. November, verkündete derselbe Sadat in Kairo, er werde zu diesen Friedensverhandlungen persönlich nach Jerusalem reisen: die Welt stand Kopf.

Lola (rechts): Und verlieh ihm den Friedensnobelpreis.

Ruth (unten): Aber zusammen mit Begin, das waren noch Zeiten.

Gerda (rechts): Mir langt es jetzt, ich gehe. Komm, Paul, wir gehn Kaffee trinken. Ich dachte, wir hätten heute Chorprobe.

Paul (rechts): Geh schon mal vor, ich komm gleich nach.

Gerda Friebe geht ab nach rechts.
Die vier "weiteren Chorsängerinnen" der Luther-Kantorei folgen ihr: ein kleiner Exodus des Protestes.

Lutz (unten): Aber Schiller hat siebzehn Jahre lang an einem Drama gearbeitet, das ein schwules Liebespaar haben sollte, mit schwuler Liebesszene auf offener Bühne: "Die Malteser".

Ruth (unten): Aber er hat es nicht geschrieben.

Lutz (unten): Das ist das Allerverdächtigste bei einem Mann, der fast hysterisch auf intime Freundschaft mit Männern fixiert war.

Veit (unten): Auch von Luther behaupten ja manche Psychoanalytiker, daß er schwul war.

Ruth (unten): Auch von Hitler und seinem Albert Speer wird sowas behauptet, aber –

Veit (unten): Auch von seinem Reichswirtschaftsminister Funk, aber –

Lutz (unten): Auch von Descartes, aber –

Veit (unten): Auch vom deutschen Reichskanzler Fürst von Bülow –

Ruth (unten, lachend): Na, und vom letzten Reichskanzler unter Wilhelm erst mal: Prinzessin Max von Baden!

Alle (unten, lachen.)

Veit (unten): Überhaupt die ganze Eulenburg-Clique um Kaiser Wilhelm Zwo.

Lutz (unten): Und so weiter und so weiter und so weiter: wer nicht? Und genau um alles das geht es mir heute: überall mischen die Schwulen mit am 9. bis 11. November, und keiner weiß das!

Dr. Senge *(links):* Übrigens: auch der englische Premierminister Chamberlain, der Hitler in allem nachgab, um nur ja den Zweiten Weltkrieg zu verhindern, starb als Verlierer 1940 just am 9. November.

Markus *(rechts):* Und Kemal Atatürk, der die Türkei als erster nach Europa führte, starb 1938 am 10. November.

Max *(links):* Und General de Gaulle starb 1970 am 9. November.

Vera *(rechts):* Und Leonid Breschnew 1982 am 10. November.

Karl *(rechts):* Deutsch bleiben, ja?

Vera *(rechts):* Aber zwanzig Jahre lang hing das deutsche Schicksal von diesem Breschnew ab! Hier bei uns sowieso, aber auch drüben: durch seinen Moskauer Vertrag mit Willy Brandt, schon 1970: über Gewaltverzicht und Normalisierung der Beziehungen zwischen unsern Völkern.

Pastor Finke *(rechts):* Ein wunderbares Schlußwort.

Max *(links):* Er ließ sich auch unsern "Brief zur deutschen Einheit" überreichen.

Pastor Finke *(rechts):* Auch das. Frau Glimpe, wo ist Frau Glimpe?

Lola *(rechts):* Hier.

Pastor Finke *(rechts):* Frau Glimpe, unser Pensum ist ja inzwischen riesig. Ich glaube, wir machen jetzt schnell eine kleine Kaffeepause, und anschließend fängt dann endlich unsre Chorprobe an.

Paul Friebe *(rechts):* Bravo!

Lola *(rechts):* Sehr einverstanden. Kaffeepause!

Die Mitglieder der Luther-Kantorei gehen nach rechts und hinten ab.

Lutz *(unten, beginnt, auf seiner Gitarre zu präludieren.)*

Lena *(links):* Da fällt mir noch ein: am 10. November war 1994 auch endlich der Golfkrieg zu Ende: der Irak hat das Emirat Kuweit als souveränen Staat anerkannt.

Otto *(links):* Aber schon 1990 hatte Willy Brandt aus irakischer Geiselhaft unsre 175 deutschen Volksgenossen heimgeholt: am 9. November!

Veit *(unten):* 175?

Musik Nr. 40:

Lutz *(unten, singt zur Gitarre):*
"In dem Dom der Invaliden ist ein Monument errichtet,
Das von Frankreichs großem Kaiser und von dessen Ruhm berichtet.
Aber bautet ihr den Tempel in die Wolken auch hinein:
Würdig, seinen Ruhm zu künden, blieb er doch zu klein!"

Ruth *(unten):* Was soll das denn jetzt?

Lutz *(unten, singt unbeirrt weiter):*
"Denn das Denkmal seiner Taten ist die ganze Welt.
Seines Ruhmes Sonne überstrahlt das Himmelszelt!"

Bickel *(links):* Kleine Kaffeepause, bitte, anschließend Chorprobe: wenn es läutet!

Die Mitglieder des Schiller-Chors gehen ab nach links und hinten.

***Lutz** (unten) präludiert so lange weiter auf seiner Gitarre.*

Das Licht konzentriert sich auf den "Unterschlupf".

24.

Veit: Was ist hier eigentlich los? Ich begreife nichts mehr.

Lutz *(singt weiter):*
"Mag Jahrhundert nach Jahrhundert sinken in der Zeiten Schoß:
Ewig bleibt im steten Wechsel dieser Kaiser groß.
Aus dem Dom der Invaliden glänzt ein heller Stern,
Auch die alten Feinde sehn den heute alle gern."

Ruth: Du bist verrückt, hör auf.

Lutz *(singt unbeïrrt zu Ende):*
"Wolken, die ihn einst verhüllten, zogen längst davon;
Dieser Stern für alle Zeiten: der bist du – Napoleon."

Ruth und **Veit** *(lachen sich tot.)*

Veit: Bist du wahnsinnig?

Ruth: Hast du das grade gedichtet?

Veit: Hast du uns deshalb herbestellt?

Lutz: Ja, genau deshalb.

Veit: Das glaub' ich nicht: ist das wirklich von dir?

Lutz: Nein, von Eduard Finck.

Veit: Wer ist das denn?

Lutz: Keine Ahnung.

Ruth: Der Pastor drüben in Bergtal?

Lutz: Nee, aber habt ihr eine Ahnung, wer Cambacérès ist?

Veit: Wie soll der heißen?

Lutz: Jean-Jacques-Régis de Cambacérès.

Veit: Nie gehört. Warum?

Lutz: Eben darum ist er unser heutiges Thema. Im Ernst: es geht um ihn.

Ruth: Ist das nicht ... warte: die Dagmar mußte neulich so ein Referat halten – ein französischer Revolutionär?

Lutz: Ein schwuler Jurist aus Montpellier.

Veit: So.

Lutz: Aber Mitglied des Nationalkonvents, da hat deine Dagmar recht.

Ruth: Ah, jetzt weiß ich wieder!

Lutz: Als Napoleon Konsul wurde, war er grade Justizminister.

Ruth: Ja, und Napoleon machte ihn dann zum Zweiten Konsul, stimmt.

Lutz: Ja, und als Kaiser machte er ihn dann auch noch zum Senatspräsidenten, zu seinem Erzkanzler und zum Herzog von Parma. Er nannte ihn seine "linke Hand".

Veit: Ja, hatten die beiden eine Beziehung, oder was soll das alles?

Lutz: Naja, du: unter der Oberaufsicht dieses Cambacérès entstand immerhin der Code Napoléon.

Veit: Ja, und?

Lutz: Was das bedeutet, weiß heute niemand mehr.

Ruth: Außer meiner Dagmar und mir: der Code Napoléon ist das erste bedeutende Bürgerliche Gesetzbuch der Neuzeit, anerkannt, benutzt und weiter entwickelt, ja: von der ganzen zivilisierten Welt.

Lutz: Weil es die Ideale der Französischen Revolution in Paragraphen festhielt.

Ruth: Vor allem die Égalité: als Gleichheit aller Menschen vor dem Gesetz.

Lutz: Du sagst es. Also auch das erste Gesetzbuch, das Homosexualität nicht unter Strafe stellt. Es erwähnt sie gar nicht. So gleich ist sie endlich. Eine Revolution des Geistes.

Veit: Oder einfach vergessen?

Ruth: Ein Schwuler soll die Schwulen vergessen?

Veit: Ich meine Napoleon selbst: hat gar nicht an sowas gedacht, vielleicht: na, als Hetero?

Lutz: Also, erstens mal hat er auf dieses Gesetzbuch persönlich Einfluß genommen: speziëll aufs Ehe-, aufs Scheidungsrecht und den ganzen Beziehungskram.

Veit: Und zweitens?

Lutz: Zweitens war er gar kein Hetero.

Veit: Natürlich, na klar: die ganze Welt ist schwul, wer nicht!

Lutz: Ich habe nicht gesagt, daß er schwul war.

Veit: Und Maria Walewska, zum Beispiel?

Ruth: Ach, Greta Garbo: oh ja!

Lutz: Er war auch beim Sex für Freiheit und Gleichheit.

Ruth (feixend): Und für Brüderlichkeit.

Lutz: Er hatte zwar Frauengeschichten, aber wenige: winzige Episoden.

Veit: Und Männergeschichten? Keine.

Lutz: Auch nie eine Mätresse. Aber Sex mit seinem Leibmameluken Rustan.

Ruth: Ich denke, mit seinem Marschall Ney?

Lutz: Und mit mindestens einem von seinen leiblichen Brüdern.

Ruth: Siehst du: Fraternité.

Alle (lachen.)

Ruth: Übrigens auch mit seinen drei Schwestern.

Veit: Also Égalité.

Alle (lachen.)

Lutz: Oder eigentlich Liberté.

Ruth: Das Volk nannte ihn auch Père la Violette.

Lutz: Und seine Freunde den Spartaner, schon in der Schule.

Veit: Ich denke, spartanisch bedeutet enthaltsam?

Lutz: Nur in Bezug auf Frauen. Die Männerliebe war in Sparta der offizielle Nationalsex.

Veit: Na, toll.

Ruth: Die Frauen haben diesen Napoleon auch höchstens bewundert, aber nie geliebt: er war zu brutal zu ihnen, verachtete sie als Huren und kujonierte sie.

Lutz: Im Gegensatz etwa zu Johannes von Müller, dem großen Historiker und bekennenden Schwulen. Der war Jahre lang, was unser Golo Mann den "Wortführer der preußischen Kriegspartei" nennt, also: prominenter Feind Napoleons. Also: bat Napoleon ihn zur Audienz. Die dauerte anderthalb Stunden und fand ohne Zeugen statt. Was da geschah, hielten die beiden selbst geheim, aber einer von Müllers geliebtesten Freunden für eine – wörtlich: "lichtscheue Unterhandlung". Müller selbst nannte sie "heilig" und war von Stund' an ein glühender Verehrer Napoleons, der sogar seine Abgöttin Friedrich die Große weit überrage: an "Stärke" wie an "Rück-sicht"! Preussen sei ihm nunmehr gleichgültig. Er sah in Napoleon plötzlich einen Wegbereiter des neuen Deutschland, besuchte ihn auch in Fontainebleau und wurde Minister-Staatssekretär beim König von Westphalen: Napoleons Bruder Jérôme.

Alle (lachen.)

Veit: Schöne Geschichte, alles klar.

Ruth: Und seinem Bruder Lucien Bonaparte sagte Bruder Napoleon: "Frauen sind kotige Stöcke; man kann sie nicht anrühren, ohne sich zu beschmutzen."

Lutz: Und sein Leichnam soll weibisch gewesen sein: mit Brüsten; aber knäbischem Genital.

Ruth: Er soll auch leicht geweint haben.

Veit: Na okay. Und was soll das jetzt alles zum 9. November? Auch noch 'ne Schwulenfête oder was?

Ruth: Warum nicht?

Lutz: Du, wo Schwule heute nicht mehr verfolgt werden, verdanken sie das primär diesem Gesetzbuch von Cambacérès und Napoleon.

Veit: Paragraf 9 bis 11 oder wie?

Lutz: Nicht ganz. Aber genau vor zweihundert Jahren fand am 9. November der Staatsstreich statt, mit dem Napoleon sich zum Alleinherrscher machte.

Ruth: Ich denke, am 18. Brumaire, Moment ...

Veit: Nein, am 18. Brumaire 1851 war der Staatsstreich, mit dem sein Neffe Louis-Napoléon die Französische Republik beseitigte und selbst den Kaiserthron bestieg: Napoleon III.

Lutz: Du zitierst jetzt Karl Marx. Ich aber meinte den 18. und 19. Brumaire im sogenannten achten Jahr der Freiheit, genau: das sind der 9. und 10. November 1799.

Ruth: Na, das ist ja 'n Hammer. Das ist 'n Hammer: jetzt müssen die ihr ganzes Festprogramm völlig umschreiben

Veit: Wieso denn: "Deutsch bleiben! Deutsch bleiben!"

Ruth: Eben. Wenn jemand Deutschland zu Deutschland gemacht hat, dann ja wohl Napoleon, entschuldige.

Lutz: Und die Deutschen erst mal zu Deutschen, aber hallo!

Ruth: Er war auch der erste, der den Begriff Deutschland überhaupt verwendete, zwischen all den Fürstentümern.

Lutz: Ja, und der die Deutschen Geduld zu haben ermahnte, bis dieses Deutschland zusammengewachsen wäre: zusammengewachsen! Wörtlich.

Ruth: Gar keine Frage: er markiert den Anfang der deutschen Neuzeit.

Lutz: Der europäischen Neuzeit.

Potz-Brosam *(stürmt von hinten auf die leere und dunkle Bühne):* Was ist denn hier los? ... Halloh? Halloh! Pastor Finke! ... Das gibt es doch nicht: eine faule Bande. Kaum läßt man sie allein ... Na, warte! Halloh!

(Er sucht im Dunkeln nach dem rechten Ausgang, stößt dabei heftig gegen einen Stuhl, stürzt zu Boden und schlägt dabei mit dem Kopf gegen einen benachbarten Stuhl):

Au, verdammt! Licht! Beleuchter! Scheiße, verdammt nochmal!

(Er bleibt irgendwo auf der dunklen Bühne sitzen oder liegen und widmet sich seinem Schienbein, stöhnt ab und zu.)

Veit: Also, das mit Napoleon und Deutschland verstehe ich nicht: ich denke, er hat es erobert, besetzt, unterdrückt, vergewaltigt, zerstört, lauter sowas – oder?

Ruth: Genau. Und es grade dadurch zusammen geschmiedet. In der gemeinsamen Feindschaft gegen ihn.

Lutz: Ja, Moment mal, das ist das eine.

Ruth: Genau.

Potz-Brosam (oben): Hallo!

Ruth: Und das andre?

Lutz: Sind seine Reformen. Er hat den Menschen in Deutschland die Freiheit gebracht, den Bürgern und Bauern: ihre Leibeigenschaft durch Gleichberechtigung ersetzt.

Ruth: Auch den Juden übrigens.

Potz-Brosam (oben): Halloh!

Lutz: Er bescherte den Deutschen die Ergebnisse der Französischen Revolution.

Ruth: Und den Juden in Deutschland die volle Gleichberechtigung.

Lutz: Und der politischen Zersplitterung die nationale Einheit. 36 Klein- und Kleinststaaten schloß er im sogenannten Rheinbund zusammen, nur wenige lehnten ab.

Potz-Brosam (oben): Frau Glimpe!

Ruth: Und die klerikalen Fürstentümer löste er auf.

Lutz: Er löste das ganze Heilige Römische Reich Deutscher Nation auf und ersetzte es durch ein föderales Deutschland, wie wir es heute noch haben und bewundern.

Potz-Brosam (oben): Na warte, das sollt ihr mir teuer bezahlen.

Veit: Und hat er das selbst so gesehen, ich meine: hat er das alles bewußt so geplant?

Ruth: Du, er selbst hat das, was er da am 9. November 1799 in die Wege leitete, so formuliert: "Es handelt sich darum, den Roman der Revolution zu beënden und mit der Geschichte der Revolution zu beginnen."

Lutz: Also Poësie durch Realität zu ersetzen.

Ruth: Oder Philosophie durch Politik.

Lutz: Oder Utopien durch Fakten.

Ruth: Oder schöne Theorien durch ökonomische Machtinteressen.

Lutz: Durch globalen Wirtschaftsimperialismus.

Ruth: Oder Romantik durch Neuzeit.

Lutz: Genau. Das alles begann am 9. November 1799: auch für Deutschland.

Ruth: Für alle Europäer.

Lutz: Dafür haßten sie ihn, dafür liebten sie ihn.

Veit: Und woran ist er dann gescheitert?

Lutz: Ist er doch gar nicht. Sieh dir die Welt heute an.

Potz-Brosam *(sammelt sich auf und tastet sich schimpfend nach rechts vorn zum Ausgang):* Körperverletzung, na warte, und Schadenersatz! Und Schmerzensgeld!

(Er poltert im Abgehen wieder gegen einen Stuhl, schreit auf und ist dann weg.)

Ruth: Er ist gescheitert, weil er – kennst du Egon Friedell?

Veit: Na, klar: das ist doch – Moment ...

Ruth: Ein kluger Jude.

Lutz: Und ein schwuler Jude.

Ruth: Der hat gesagt, Napoleon sei nur gescheitert, weil er kein Träumer war: weil er nicht wußte, "daß auf die Dauer nur ein Träumer die Welt erobern kann".

Lutz: Das klingt ja verdammt nach falsch verstandenem Schiller.

Ruth: Aber schön.

Lutz: Schiller selbst hat zuërst wie ein Hellseher diesen Napoleon vorhergesagt: als "das einzige Heil der Nation", nicht nur für Frankreich, auch für das übrige Europa. Aber als dieses Heil dann da war, sagte er: "Wenn ich mich nur für ihn interessieren könnte! Aber keine einzige heitere Äußerung, kein einziges Bonmot vernimmt man von ihm:" Bonmot! Für Schiller!

Ruth: Aber als Preußen gegen Napoleon mobil machte, da wurde im patriotischen Berlin Schillers "Wallenstein" gespielt. Und als da unser "Reiterlied" gesungen wurde, da stimmte das ganze Publikum begeistert ein: "Wohlauf, Kameraden, aufs Pferd, aufs Pferd"!

Lutz: Ich weiß, ich weiß: "im Felde, da ist der Mann noch was wert".

Veit: Oder auch *(halb gesungen:)* "Auf, auf, Kaiserstühler, in den Wald nach Wyhl"!

Ruth: Was ist das denn?

Musik Nr. 1:

Veit: Von Ernst Schillinger, 1975. *(Er singt zur Melodie des Schillerschen "Reiterliedes"):*
"Es ist hier ein KKW geplant
Doch das werden wir nicht akzeptieren.
Denn wir lassen uns unser paradiesisches Land
Von Technokraten niemals ruinieren.
Wir wehren uns, bevor's zu spät,
Gegen Umweltverseuchung durch Radioaktivität."

Ruth: Na, bravo. Aber du siehst, Lutz, wie überlebensfähig dieses Lied ist, wie fruchtbar.

Lutz: Trotzdem: ich selbst hätte es nie gesungen, auch damals in Berlin nicht. Ich hätte da ganz was anderes gesungen.

Veit: Nämlich?

Lutz: Ich singe es auch heute fast am liebsten. Es ist nicht von Schiller, aber ohne ihn gar nicht denkbar. Max von Schenkendorf hat es geschrieben, als Deutschland von Napoleon besetzt war, und ein Karl Groos hat es vertont. Erst mal Vers drei und fünf. *(Er präludiert.)*

Musik Nr. 41:

Lutz (singt zur Gitarre):

"Wenn die Blätter rauschen
Süßen Freundesgruß,
Wenn wir Blicke tauschen,
Liebeswort und Kuß,
Aber immer weiter
Nimmt das Herz den Lauf,
Auf der Himmelsleiter
Steigt die Sehnsucht auf."

25.

Die Luther-Kantorei kommt von rechts auf die dunkle Bühne. Auch Gerda Friebe und die vier "weiteren Chorsängerinnen" sind wieder dabei. Auch Dr. Potz-Brosam: mit einem Pflaster auf der Backe.

Lutz *(unten, singt als Wiederholung):*
"Auf der Himmelsleiter
Steigt die Sehnsucht auf."

Lutz präludiert auf seiner Gitarre weiter und zwingt so alle zum Verharren und Zuhören.

Links außerhalb der Bühne hört man es läuten.

Lutz *(unten, singt weiter):*
"Wo sich Gottes Flamme
In ein Herz gesenkt,
Das am alten Stamme
Treu und liebend hängt –

Veit und Ruth *(unten, singen mehrstimmig mit):*
Wo sich Männer finden,
Die für Ehr und Recht
Mutig sich verbinden,
Weilt ein frei Geschlecht."

Der Schiller-Chor kehrt von links auf die dunkle Bühne zurück.

Lutz *(unten) präludiert auf seiner Gitarre weiter und zwingt so alle zum weiteren Verharren und Zuhören.*

Lutz *(unten):* Jetzt noch Vers eins.

Lutz, Veit und Ruth *(unten, singen mehrstimmig):*
"Freiheit, die ich meine,
Die mein Herz erfüllt –

Beide Chöre *(singen leise auf dunkler Bühne mit):*
Komm mit deinem Scheine,
Süßes Engelsbild.
Magst du nie dich zeigen
Der bedrängten Welt?
Führest deinen Reigen
Nur am Sternenzelt?"

Dr. Senge *(links, ruft aus dem Dunkel):* Licht! Bitte Licht!

Alle *(singen weiter):*
"Führest deinen Reigen
Nur am Sternenzelt?"

Die Bühne wird hell.

Dr. Senge *(steht mit einem Blatt Papier mitten zwischen den beiden Chören):* Vielen Dank. Ja, ich sehe mit unserm Schiller: die Gelegenheit ist günstig. Ich habe nämlich grade eben in der Pause einen Brief bekommen, vielmehr seine deutsche Übersetzung.

Potz-Brosam: Ich auch.

Dr. Senge: Die möchte ich hier gern vorlesen. *(Er liest vor:)* "Moskau, den 6. Mai 1998. Sehr geehrter Herr Oberstudienrat, ich danke Ihnen sehr herzlich für die freundliche Einladung zu Ihrer Feier des 9. und 10. November."

Potz-Brosam *(korrigierend):* "Des 10. und 11. November." *(Auch er hält ein Blatt Papier in der Hand, in dem er offenbar mitliest.)*

Dr. Senge *(liest weiter):* "In der Tat verbindet auch mich persönlich dieses Datum mit der Bundesrepublik Deutschland und dem ganzen deutschen Volk. Ich denke besonders gern und dankbar an meinen Aufenthalt in Deutschland am 9. und 10. November 1990, als Helmut Kohl und ich in Bonn den sowjetisch-deutschen Grundlagenvertrag unterzeichneten, der für unsere beiden Völker schon im Wortlaut der Präambel 'gute Nachbarschaft, Partnerschaft und Zusammenarbeit' festschrieb, um 'mit der Vergangenheit endgültig abzuschließen'." *(Zäsur.)* Also, Zitat Ende und neuerAbsatz:

"Für mich persönlich war diese Vertragsunterzeichnung eine Art Friedenspakt, die mich gerade am 9. November an eine andere historische Friedensinitiative der Sowjetunion erinnerte. Denn schon 1917 war es am 9. November eine der ersten Amtshandlungen unserer Revolutionsregierung der Volkskommissare unter dem Genossen Lenin, ein Dekret zum Waffenstillstand und Abschluß eines 'gerechten demokratischen Friedens ohne Annexionen und Entschädigungen' zu erlassen. Insofern sind 1917 wie 1990 entscheidende Schritte zur Beëndigung der beiden Weltkriege und zur Stabilisierung des europäischen Friedens an einem 9. November erfolgt.

Umso lieber also würde ich Ihrer freundlichen Einladung folgen und den nächsten 9. und 10. November – "

Potz-Brosam *(unterbricht korrigierend):* " – 9., 10. und 11. November – "

Dr. Senge *(liest weiter):* " – bei Ihnen in Bergtal – "

Potz-Brosam *(unterbricht korrigierend):* " – bei Ihnen in Talberg verbringen."

Dr. Senge *(liest weiter):* "Die angetragene Schirmherrschaft nehme ich also grundsätzlich dankbar an." NeuerAbsatz:

Potz-Brosam *(liest weiter):* "Ich darf Ihnen allerdings nicht verschweigen, daß ich auch von Ihrer Nachbargemeinde Bergtal – "

Dr. Senge *(korrigiert):* " – Talberg – "

Potz-Brosam *(liest weiter):* " – zu einer Feier des 10. November – "

Dr. Senge *(korrigiert):* " – des 9. und 10. November eingeladen worden bin."

Potz-Brosam *(liest weiter):* "Im Sinne jener soeben zitierten 'guten Nachbarschaft, Partnerschaft und Zusammenarbeit', für die ich mich schon in unserm Grundlagenvertrag energisch eingesetzt habe, um 'mit der Vergangenheit endgültig abzuschließen', möchte ich Ihnen hiermit vorschlagen, den politischen Frieden des 9. November 1917 und 1990 nunmehr auch auf das Leben der Gemeinden Talberg und Bergtal – "

Dr. Senge *(unterbricht korrigierend):* " – Bergtal und Talberg auszudehnen und Ihre Feierlichkeiten im Sinne jener deutschen Einheit, an der ich ja gleichfalls nicht ganz unbeteiligt bin, friedlich und freundschaftlich zusammenzulegen."

Potz-Brosam *(liest weiter):* "Als Schirmherr einer gemeinsamen Feier des 9. bis 11. November käme ich dann gern nach Bergtalberg."

Max *(links):* Was ist das denn?

Dr. Senge *(liest zu Ende)*: "Ich würde mich freuen, Ihre Zustimmung zu diesem Vorschlag finden zu können. Mit freundlichen Grüßen bin ich Ihr sehr ergebener –

Potz-Brosam und Dr. Senge: Michail Sergejewitsch Gorbatschow."

Dr. Senge *und* ***Potz-Brosam*** *(lassen ihre Blätter sinken).*

Atemlose Stille in beiden Chören.

Dann bricht in beiden Chören attacca ein Höllenlärm aus: sämtliche Mitglieder schreien gleichzeitig ihre Empörung in die Luft. Dabei rennen sie kopflos auf der Bühne umher und verwischen dabei ihre Fronten.

Das hält ein paar Sekunden lang so an.

Dann herrscht wieder Stille.

Potz-Brosam: Herr Gorbatschow hat auch mir geschrieben.

Höhnisches Gelächter auf beiden Seiten.

Dr. Senge: Ich kann die allgemeine Empörung gut verstehen.

Potz-Brosam: Ich auch.

Dr. Senge: Trotzdem, finde ich, sollten wir diesen Vorschlag unseres potentiellen Schirmherrn –

Potz-Brosam *(unterbricht):* – immerhin einer Gestalt von welthistorischer Bedeutung wie kaum jemand sonst zu unsern Lebzeiten –

Dr. Senge: Sehr richtig. Wir sollten ihn also nicht unüberlegt ablehnen.

Potz-Brosam: Auf gar keinen Fall.

Dr. Senge: Ich wäre daher für besonnene Wortmeldungen dankbar.

Potz-Brosam: Ich auch. Ich wäre für Wortmeldungen dankbar, die sich durch ihre Besonnenheit auszeichnen. Bloß kein Porzellan zerschlagen.

Dr. Senge: Wir sollten jetzt nicht überstürzt Porzellan zerschlagen, das wir noch benötigen. Wer macht also den Anfang: ganz besonnen?

Pause.

Dr. Senge: Wie wär's zum Beispiel mit Ihnen, Frau Stein?

Anna Stein *(Schiller-Chor):* Also, meine Großmutter sagte immer – oder war das jetzt Goethe? Moment. Nein, meine Großmutter, die sagte: "Wer schwarz mit weiß vermischt, der hat grau".

Karl *(Luther-Chor):* Genau.

Pastor Finke *(L-Ch):* "Weißes kann man besser erkennen", sagt auch Martin Luther, "wenn man Schwarzes dagegen hält."

Dora *(Sch-Ch):* Genau.

Hans *(Sch):* Die da drüben sind doch nicht weiß, die sind rot.

Paul *(L):* Und ihr seid nicht schwarz, sondern braun.

Otto *(Sch):* Und ihr seid blutrot: Kommunisten mit blutigen Händen.

Uwe (L): Und ihr seid scheißbraun: Faschisten mit Scheiße im Gehirn.

Rolf (Sch): Beknackte Ossis!

Eva (L): Bekackte Wessis!

Ruth (unten): Nur Rosa Winkel gab es auf beiden Seiten.

Lutz (unten): Juden auch.

Pastor Finke (L): Also, wer Martin Luther zum Kommunisten erklärt –

Tim (Sch): Und wer Schiller zum Faschisten erklärt –

Lola (L): Der ist dem Vatikan so verfallen wie Dr. Adenauer!

Bickel (Sch): Der ist so kremlhörig wie Pieck und Ulbricht zusammen.

Veit (unten, anzüglich witzelnd): Die beiden zusammen: nanu!

Lutz und Veit (unten, lachen, dann küssen sie sich und knutschen ab jetzt ein bißchen.)

Anna: Nein, jetzt weiß ich wieder: bei Goethe geht es um Wasser und Wein. Wer die vermischt –

Gerda (L): Hat Schorle.

Eva (L): Schorlemorle.

Iris (Sch): Schorlemurle.

Uwe (L): Schurlemurle.

Udo (Sch): Schurimuri.

Karl (L): Schurrmurr.

Otto (Sch): Oder Murlepuff.

PaulF (L): Carlemorlepuff.

Anna: Nein, wer Wasser mit Wein vermischt, sagt Goethe, der ist klug. Klug und sprachgewandt, beredt. Intelligent und redegewaltig. So.

Karl (L): Also, als Talberg gegründet wurde: 1483 –

Max (Sch): 1484!

Karl (L): 1483!

Otto (Sch): Da war Bergtal schon fast zwei Jahre alt!

Uwe (L): Da gab es Bergtal noch gar nicht!

Lena (Sch): Vonwegen: Bergtal wurde 1483 gegründet!

Vera (L): 1484!

Lena (Sch): 1483!

Paul (L): Da war Talberg schon fast zwei Jahre alt!

Udo (Sch): Da gab es Talberg noch gar nicht!

Finke (L): Wir haben doch hier die Luther-Kantorei, weil Talberg in Luthers Geburtsjahr gegründet wurde: 1483.

Markus (L): Da gab es Schiller noch gar nicht.

Die Lutheraner *(lachen.)*

Dora (Sch): Aber in Schillers Geburtsjahr bekam Bergtal schon das Stadtrecht: 1759.

Karl (L): 1760!

Dora (Sch): Also, Schiller wurde 1759 geboren!

Karl (L): Aber Bergtal wurde erst 1760 zur Stadt erklärt, Talberg schon 1759.

Max (Sch): 1760!

Karl (L): 1759!

Max (Sch): 1760!

Otto (Sch): 1759 war die Schlacht bei Kunersdorf, ja? Da war Bergtal gutpreußisch und Talberg russisch.

Paul (L): Talberg war damals gutkaiserlich und Bergtal im Arsch, auf gutpreußisch!

Götz (L): Huch!

Vera (L): Das ist es doch heute immer noch.

Paul (L): Ja, weil es CDU wählt, unbelehrbar.

Ute (Sch): Besser CDU als unbelehrbar PDS.

Otto (Sch): SED.

Potz-Brosam (L): Also, ich bin kein Mitglied der PDS, ja?

Uwe (L): Und besser PDS als NSDAP, ja?

Max (Sch): Und besser damals NSDAP als heute DVU, ja?

Udo (Sch): Talberg hat doch damals sofort für Hitler gestimmt.

Uwe (L): Und Bergtal möchte das heute noch.

Dr. Senge (Sch): Ich glaube, das führt uns nicht weiter.

Ruth (unten): Doch: in den Dritten Weltkrieg.

Dr. Senge (Sch): Ich schlage vor, wir stimmen ab.

Hans (Sch): Hier wird nicht abgestimmt, hier wird abgelehnt.

Potz-Brosam (L): Doch nur, ob Gorbatschow kommen soll! Er wartet dringend auf Antwort.

Max (Sch): Ich stimme nicht mit Leuten ab, die den 11. November 89 einfach übersehen.

Uwe (L): Welchen 11. November 89 denn?

Max (Sch): Was da an der Glienicker Brücke geschah: unvergeßlich!

Otto (Sch): Und vor dem Schöneberger Rathaus erst mal: als Willy Brandt mit Helmut Kohl das Lied von Langemarck sang.

Paul (L): Das war doch alles am 10. November.

Uwe (L): Und das waren eure Politiker, das ist euer Termin!

Max (Sch): Aber am 11. kamt ihr zu Hunderttausenden fürs Wochenende zu uns in den Westen: ein unvergleichliches Volksfest, aber euer Termin!

Wolf (L): Das ging schon am 9. los: also euer Termin!

Susi: Oder unser aller Termin.

Musik Nr. 42:

Zunächst nur ein leiser instrumentaler Rhythmus als Basis für baldig Folgendes.

Aber einige Chorsänger übernehmen ihn schon in ihren Körper.

Veit *(unten):* Am 9. November 1989 ging noch ganz was anderes los.

Vera *(L):* Aber der 9. November 1989 wird ja von euerm Festkalender einfach übersehen.

Lola *(L):* Das ist typisch.

Lutz *(unten):* Was ging da los?

Rolf *(Sch):* Was wird übersehen?

Otto *(Sch):* Was ist typisch?

Vera *(L):* Übersehen wird der Fall Schabowski.

Veit *(unten):* Und eine Filmpremiere in vierzig Kinos der DDR.

Max *(Sch):* Was ist am Fall Schabowski typisch?

Markus *(L):* Der Fall Schabowski ist der Fall der Mauer.

Ruth *(unten):* Was für 'ne Filmpremiere?

Veit *(unten):* "Coming out" von Heiner Carow.

Ruth *(unten):* Der erste DEFA-Film über Schwule, oder?

Musik Nr. 43:

Der instrumental vorgegebene Rhythmus wird von einigen Stimmen als Sprechchor aufgegriffen.

Sprechchor *(leise, noch schwach):* Die Mauer ist weg! Die Mauer ist weg! Die Mauer ist weg! *(et cetera et cetera)*

Veit *(unten):* Es war Wahnsinn. In vierzig Kinos war im selben Moment die Mauer in unsern Köpfen weg.

Musik Nr. 44:

Ein zweiter Sprechchor *(kontrapunktiert fast geflüstert):* Das ist Wahnsinn! Das ist Wahnsinn! Das ist Wahnsinn! *(et cetera et cetera)*

Ein allgemeines rhythmisches Bewegen greift behutsam um sich.

Veit *(unten):* In sechs Wochen hatten 350 000 Bürger der DDR diesen Film gesehen. Den Text vom Walter, dieser besoffenen alten Tunte, konnten wir alle gleich auswendig.

Lutz *(unten)*: Wie wir hier die "Rocky Horror Picture Show".

Veit *(unten)*: Genau: unsre Hymne. Unsre Rache. Unser coming out. *(Er markiert den Walter des Films durch pantomimisches Weinbrand-Kippen.)*

Ruth *(unten):* Der wurde auch preisgekrönt, oder?

Lutz *(unten):* In Ost und West.

Veit *(unten, spielt den Walter aus "Coming out" und trinkt pantomimisch den nächsten Weinbrand):* " ... Ich kam ins KZ. *(Er wischt sich wie Walter in diesem Augenblick mit dem rechten Handrücken über den Mund.)* Sachsenhausen. Rosa Winkel. Der letzte Abschaum. *(Er kippt pantomimisch den nächsten Weinbrand, wie Walter.)* Aber da bin ich in die KP eingetreten, und die Kameraden haben mich gerettet. Dann war ich Aktivist der ersten Stunde." *(Er kippt wieder pantomimisch einen Weinbrand.)*

Die beiden Sprechchöre *(schwellen kurz an und wieder ab.)*

Veit *(unten, spielt weiter den Walter):* " ... Wir haben die Ausbeutung des Menschen durch den Menschen abgeschafft. Und heute ist es scheißegal, ob einer Jude ist oder sonstwas."

Ruth *(unten)*: Na?

Veit *(unten, spielt weiter):* "Bloß die Schwulen, die haben sie vergessen."

Lutz *(unten):* Aber nur bis zum 10. November 2000. Am 10. November 2000 hat der Deutsche Bundestag eine Eingetragene Gleichgeschlechtliche Lebenspartnerschaft für rechtsgültig erklärt. Wir können heiraten. *(Lutz und Veit umarmen sich.)*

Musik Nr. 45:

Ein dritter Sprechchor *(setzt sich behutsam, aber unüberhörbar gegen die beiden andern durch):* Gor-bi! Gor-bi! Gor-bi! *(et cetera et cetera)*

Lutz *(unten):* Kommt, wir gehen rauf, zu den andern.

Ruth, **Lutz** und **Veit** *(unten) verlassen ihren Unterschlupf.*

Auf der Bühne blühen die drei Sprechchöre versetzt zu voller Lautstärke auf und ergänzen einander zu einer Art Fuge.

Alle Chorsänger sind daran beteiligt.

Auch ihre rhythmischen Bewegungen verstärken sich tanzartig.

Crescendo continuo.

Susi *(telefoniert inmitten an zentralem Platz in ihr Handy.)*

Eva *(L, beginnt nach einer ganzen Weile, in die Fuge der Sprechchöre hinein zu singen):* "So ein Tag, so wunderschön wie heute –

Viele andere *(singen mit Eva mit):*

Die Sprechchöre *(werden allmählich schwächer.)*

Musik Nr. 46

Alle *(singen schließlich einstimmig):*
"So ein Tag, so wunderschön wie heute,
So ein Tag, der dürfte nie vergehn.
So ein Tag, auf den ich mich so freute,
Und wer weiß, wann wir uns wiedersehn." *(Dacapi ad libitum)*

Jetzt wird auch getanzt.

Auch geschunkelt.

Auch umarmt.

Auch geküßt und geknutscht.

Lutz *(erscheint auf der Bühne und mischt sich tanzend und singend unter die andern.*

Der Gesang geht in ein Medley aus populären Karnevalsliedern über.

__Ruth__ und __Veit__ erscheinen: sie mit männlichen, er mit weiblichen Accessoires in Kleidung, Frisur, make up. Beide singen und tanzen mit.

Susi *beendet ihr Telefonat.)*

Der allgemeine Gesang (mündet in den inbrünstig geschmetterten Refrain):

Musik Nr. 47
"Wer soll das bezahlen?
Wer hat so viel Geld?
Wer hat so viel Pinke-Pinke?
Wer hat das bestellt?"

Susi *(hat plötzlich ein Mikrofon in der Hand und übertönt den Gesang):*
Ja, wunderbar, wunderbar! Aber bitte hinsetzen! Bitte alle Platz nehmen! Eine wichtige Information! Bitte setzen! Ganz zwanglos! Bitte hinsetzen!

Tatsächlich setzen sich alle: aber ohne Rücksicht auf Zugehörigkeit zu Luther- oder Schiller-Chor, jeder auf den nächstbesten Stuhl.

Susi setzt sich zentral.

Pause.

Susi: Ja, also liebe Luther- und liebe Schiller-Sänger! Ich habe Ihnen etwas sehr Erfreuliches mitzuteilen. Ich habe gerade ein längeres Telefongespräch geführt: über Ihre Novemberfestivals. Also, zu meiner Person vorneweg: ich heiße Susanna-Indira Padraulis, bin freie Journalistin und habe bei

Ihren Proben immer schon recherchiert. Und heute ist es mir nun definitiv gelungen, das Fernsehen für Ihre Veranstaltung zu gewinnen. Soëben habe ich die Zusage für eine Aufzeichnung des ganzen Festes bekommen.

Alle (applaudieren.)

Susi: Allerdings nur unter zwei Bedingungen. Erstens müssen sämtliche Beiträge volkstümlich sein, also bloß nichts Historisches. Und musikalisch werden von der Redaktion bloß Evergreeens genehmigt. Also vom ollen Schiller bloß "Freiheit, schöner Götterfunken oder Götterfunke", nichts anderes, tut mir leid, und von Luther natürlich "Ein fest Burg ist unser – wer nochmal?", aber auch nur eine Strophe, nichts Ausgefallenes. Aber das letzte Wort hat sowieso die Redaktion, also keine Bange!

Pause.

Lutz *(Sch)*: Und zweitens?

Susi: Ach so, Moment noch. Und textlich wünscht der Programmdirektor die Pressemitteilung von Schabowski im originalen Wortlaut und dann zur Ausgewogenheit noch einen Satz von Willy Brandt – Moment, wo hab' ich ihn jetzt, ich habe ihn extra notiert – *(Sie sucht ergebnislos in ihren Unterlagen.)*

Lutz *(Sch, so beharrlich wie hilfreich):* Und zweitens?

Susi: Ja, zweitens geht es um die Finanzierung. Also, das Fernsehen würde alle noch nicht gedeckten Unkosten übernehmen und außerdem natürlich jedem der Mitwirkenden ein angemessenes Honorar zahlen, das ist ja klar. Allerdings nur, wenn die beiden Feste zusammengelegt werden, es darf nur eine einzige Gemeinschaftssendung geben. Sollte das nicht möglich sein, würde das Fernsehen von diesem Angebot leider zurücktreten müssen.

Eisiges Schweigen.

Lange Reglosigkeit.

Potz-Brosam *(schließlich):* Um welchen Sender handelt es sich dabei: ZDF?

Susi: Um das Europäische Fernsehen. Mit Ausstrahlungsrechten für alle Länder der EU.

Langes regloses Schweigen.

Pastor Finke *(L):* Ich möchte den Mitgliedern der Martin-Luther-Kantorei Talberg vorschlagen, sich zu einer internen Krisenberatung zurückzuziehen.

Dr. Senge *(Sch)*: Ich darf auch dem Schiller-Chor Bergtal vorschlagen, sich zu interner Beratung dieses Angebotes zurückzuziehen.

Potz-Brosam: Stop mal, stop. Also, ich schlage vor: beide Chöre ziehen sich zu interner Beratung zurück. Ich selbst habe wirklich auch noch andere Termine.

Er stürzt davon.

Pause.

Alle erheben sich und gehen wortlos ab: die Luther-Sänger nach rechts und die Schiller-Sänger nach links.

Das Licht wird langsam schwächer.

26.

Susi *(wählt mit ihrem Handy eine Nummer und spricht dann hinein):* Ja, halloh, hier Susa-Indira Padraulis noch mal. Die beiden Seiten haben sich grade zur Beratung zurückgezogen, wie bitte? ... Na, nicht so gut, mal abwarten. ... Ja. ... Ja, logisch: ich sage dann sofort Bescheid, das ist klar. Wie bitte? ... Ja. ... Ja. ... Das ist mir klar, ich habe auch alles versucht, aber ... Kompliziert. ... Was meinen Sie jetzt genau mit erhöhen? ... Pro Kopf? ... Aha ... na, bin ich nicht so sicher, da sind so Fundis dabei. ... Na, mal sehen. Ich tu mein Bestes, ciao.

Die Bühne liegt inzwischen im Dämmerlicht da und wartet.

Susi schaut auf die Uhr.

Auch Susi wartet.

Eine Lautsprecherstimme *zählt von eins bis sieben, dann sagt sie:* Dies ist der sound check: "Strophe aus 'Die Götter Griechenlands' " von Schiller.

Christoph Prégardien (off, singt wieder den Schluß von Schuberts "Strophe aus 'Die Götter Griechenlands' " auf Schillers Text, aber diesmal sehr laut):

"Schöne Welt, wo bist du? Kehre wieder,
Holdes Blütenalter der Natur!" *et cetera*

Susi erhebt sich und beginnt, die wirr umherstehenden Stühle der beiden Chöre parallel zur Rampe in einer Reihe aufzustellen.

Etwa in der Halbzeit resigniert sie, schaut wieder auf die Uhr und setzt sich. Sie raucht.

Von rechts stürmt Dr. Potz-Brosam herein.

Potz-Brosam *(schreit zum Schnürboden hinauf)*: Aushang! Aushang, verdammt nochmal! Wo bleibt denn der Aushang, aber bißchen plötzlich, sonst knallt's!

Susi: Schrei hier nicht rum, Schatz. Alles ist veranlaßt, und alles läuft. Komm, setz dich. *(Sie schlägt mit der flachen Hand auf die Sitzfläche des Nebenstuhls.)* Brüllen nützt hier überhaupt nichts. Einmischen auch nicht.

Potz-Brosam *(setzt sich auf den anbefohlenen Stuhl neben Susi):* Hallo, Schatzchen. *(Er küßt Susi.)*

Susi: Außerdem, damit das klar ist: Realisator dieser Aufzeichnung bin ich und niemand sonst. Ich moderiere sie auch.

Potz-Brosam: Aber mit dem Abspann, das geht klar: oder?

Susi: Aber nicht als Künstlerischer Berater: das behält sich die Leitende Redakteurin vor.

Potz-Brosam: Scheiße. Was denn dann?

Susi: Wissenschaftlicher Berater: Rüdiger Potz-Brosam. Okay?

Potz-Brosam: Na, okay: wenn das Programm okay ist?

Susi: Na, logisch ist das Programm jetzt okay: also volkstümlich, easy, clean. Wie hieß das nochmal: "Ausschwärmen zum Bützen!"

Beide (lachen und küssen sich).

Im Hintergrund fällt aus dem Schnürboden eine rote Stoffbahn herunter. Es folgen eine schwarze und eine goldene.

Potz-Brosam: Na, siehst du: ein guter Deutscher braucht seinen täglichen Anschiß.

Susi (erhebt sich und setzt das Aufstellen der Stühle fort): Hilf mir lieber.

Potz-Brosam (hilft beim Aufstellen der Stühle).

Sollte die Bühne für die rampenparallele Stuhlreihe nicht breit genug sein, empfiehlt sich eine rechtwinkelig frontale Hufeisenform in ganzer Bühnenbreite.

Links fallen eine schwarze und eine weiße, rechts je eine schwarze, weiße und rote Stoffbahn aus dem Himmel.

Potz-Brosam (beim Stühleräumen): Ist das jetzt klar mit unserm Wochenende auf Rügen?

Susi: Nee, du. Dicke Besprechungen wegen der Tournee.

Potz-Brosam: Was denn für 'ne Scheiß-Tournee schon wieder?

Susi: Na, mit diesem Schiller- und Luther-Scheiß. Verkauft sich bestens, europaweit.

Potz-Brosam (brüllt): Licht! Beleuchtung!

Susi: Aber wir wollen dann überall natürlich auch Videokassetten verkaufen, auch Textbücher.

Potz-Brosam: Wie wär's denn on-line?

Susi: Außerdem: wieso denn Rügen? Ich meine: wenn schon Rügen, dann doch lieber Sylt.

Potz-Brosam: Okay, mein Schatz: Sylt. Aber nicht wieder Keitum, okay?

Das Aufstellen der Stuhlreihe ist beëndet.

Die vorher offene Bühne hat jetzt einen kompletten Aushang, der sich zu einem Kabinett in bundesrepublikanischen, wilhelminisch-nationalsozialistischen und preußischen Nationalfarben zusammenfügt. Irgendwo dazwischen befindet sich plötzlich auch eine Fahne der DDR..

Aber das neue Kabinett ist ohne Tiefe: es macht aus der Bühne ein flaches Podium in Cinemascope.

Das Licht blüht zu strahlender Helligkeit auf.

27.

Von rechts kommt der Luther-Chor auf die Bühne.

Die Männer tragen schwarze Hosen und Hemden, die Frauen schwarze Röcke und Blusen, alle tragen dazu weiße Bäffchen. Veit trägt Rock und Bluse zu den Bäffchen.

Jeder bringt ein Notenpult und benötigte Unterlagen mit.

Potz-Brosam: Was ist denn jetzt los?

Susi: Ja, halloh!

Potz-Brosam: Was soll das denn?

Susi: Bitte Platz nehmen, meine Damen und Herren! Aber immer einen Stuhl freilassen, dazwischen.

Lola Glimpe: Das geht jetzt nicht.

Susi: Wieso nicht?

Potz-Brosam *(zu Pastor Finke):* Wieso sind die alle als Pfarrer verkleidet?

Lola: Weil wir noch eine kurze Probe machen.

Potz-Brosam *(zu Pastor Finke):* Für die Karnevalsnummer?

Pastor Finke: Niemand ist hier verkleidet.

Lola *(entnimmt ihrer Stimmgabel den rechten Anfangston und läßt ihn sich von den einzelnen Stimmgruppen quittieren.)*

Finke *(währenddessen):* Aber Martin Luther sagt: "Alle, die wir getauft sind, sind gleichermaßen Priester."

Potz-Brosam: Na, hoffentlich ehrenamtlich: oder?

Lola *gibt den Einsatz zu*

Musik Nr. 48:

Der Lutherchor *(singt):*

"Frisch auf! frisch auf! zur Jubelfahrt,
Ihr Jungen und ihr Alten!
Wir wollen hier nach unsrer Art
Den großen Festtag halten.
Heut' ist des Doktor Luthers Tag,
Zuerst ein jeder singen mag:
Hoch lebe Martin Luther!"

Von links strömt der Schiller-Chor auf die Bühne und bleibt da stehen: dem Luther-Chor feindselig gegenüber.

Alle Männer des Schiller-Chores tragen schwarze Hosen und weiße Hemden mit Schillerkragen, alle Frauen schwarze Röcke und weiße Blusen mit Schillerkragen. Ruth trägt schwarze Hose und weißes Hemd mit Schillerkragen.

Jeder bringt ein Notenpult und benötigte Unterlagen mit.

Lukas Bickel *(gibt den Ton zum Einsatz, aber Lola Glimpe kommt ihm zuvor.)*

Der Lutherchor *(singt weiter):*

"Zum zweiten leb' im deutschen Land
Jetzt und zu allen Zeiten
Ein jeder wackre Protestant,
Der nimmer scheut zu streiten."

Der Schillerchor *(setzt fort, von Bickel dirigiert):*

"Heut' ist des Doktor Schillers Tag,
Zuerst ein jeder singen mag:
Hoch lebe Friedrich Schiller!"

Susi: Na, wunderbar: eins zu eins. Bitte Platz nehmen, schnell, wir fangen gleich an. Aber bunte Reihe bitte: immer ein Luther, ein Schiller, ein Luther, ein Schiller.

Bickel: Aber das geht nicht, Entschuldigung –

Lola: Die Stimmgruppen müssen zusammenbleiben.

Susi: Können sie doch. Sind dann doppelt so laut. Ein Luther, ein Schiller, bitte!

Tatsächlich setzen sich die beiden Chöre so, daß Susis Anweisung ebenso beachtet wird wie der Hinweis der beiden Chorleiter. Jeder stellt sich sein Notenpult zurecht und deponiert darauf seine Unterlagen.

*Susi und **Potz-Brosam** placieren sich auf den beiden Mittelstühlen.*

Links von ihnen sitzen Tenöre und Bässe, rechts die Soprane und Altistinnen.

***Bickel** und **Lola** sitzen auf dem jeweils äußersten Stuhl links und rechts.*

Pause.

Eventuëll werden erste Fernsehkameras sichtbar.

Pause.

Susi (erhebt sich und spricht in ein Handmikrofon): Meine sehr verehrten Damen und Herren, liebe Zuschauer und Zuschauerinnen an den Fernsehgerätinnen daheim in ganz Europa: ich begrüße Sie alle herzlich zu Drei Deutschen – *(Schrecksekunde:)* oder auch Europäischen Festtagen, die der Schillerchor Bergtal und die Martin-Luther-Kantorei Talberg gemeinsam begehen. Wir übertragen sie direkt aus Bergtalberg unter dem verheißungsvollen Europa-Titel – *(liest von einem Spickzettel ab:)* "Ein feste Freude ist unser Götterfunken" – funke. *(Spickzettel!)* -funken. Luther-Deutsch schwere Sprach. *(Sie kichert.)* Ich darf Sie dabei persönlich durch das Programm begleiten und gleich in eigener Sache beginnen: am 9. November 1947 fand bei der BBC in London die erste Fernsehaufzeichnung mit der Technik des sogenannten feinzeiligen Systems statt. Wir denken heute an seinen Pionier Philip Dorté, dem wir also irgendwie auch unsere heutige Aufzeichnung aus Bergtalberg verdanken. Und daß wir sie jetzt an jedem 9. November wiederholen können.

Aber das ist bei weitem nicht das einzige, was an einem 9. November geschah.

Anna *(erhebt sich):* Nein, am 9. November 1795: da schrieb Schiller in Jena einen Brief an seinen Freund Wilhelm von Humboldt – übrigens auch, daß er jetzt Griechisch lerne, um nur ja "das Moderne zu vergessen", wörtlich! Aber vorher, ebenso wörtlich: "Goethe ist hier und bleibt noch, um meinen Geburtstag zu begehen. Wir sitzen von abend um 5 Uhr bis nachts 12, auch 1 Uhr beisammen und schwatzen." So: später noch mehr davon. *(Sie setzt sich.)*

Lutz: Toll, Frau Stein. Aber an seine Verlobte schreibt Schiller: "Der zehente November. Was läge mir an meiner Geburt, wenn ich nicht zur Freude geboren wäre."

Susi: Ja, vielen Dank ans spontane Bergtal, sehr sympathisch. Aber nun lieber erst mal eins nach dem andern, ja? Wir könnten diese drei deutschen Novemberfeste nämlich gar nicht so schön gemeinsam feiern, wenn uns nicht an einem andern 9. November ein Mann dazu verholfen hätte, völlig überraschend –

Veit (unverhofft tuntig): Napoleon Bonaparte?

Susi: Ja, nicht ganz –

Eva: Oder Descartes vielleicht?

Susi: Nein, auch nicht, aber –

Potz-Brosam (flüstert mit Hape Kerkelings Gestik zu "Das ganze Leben ist ein Quiz"): Quiz. Quiz.

Susi: Was ist los?

Potz-Brosam: Quiz!

Susi: Ja, mach ich doch schon.

Potz-Brosam (flüsternd): Das ist doch kein Quiz!

Susi: Das ist jetzt eine Quizfrage: welcher Politiker hat am Abend des 9. November –

Gerda Friebe: Was gibt's als ersten Preis? Ist es vielleicht dieser Robert Blum?

Götz: Oder Herschel Grynszpan?

Hans: Quatsch. Adolf Hitler.

Gerda: Oder Graf Zeppelin?

Susi: Naja, fast, aber eigentlich –

Lisa: Oder Matthias Erzberger?

Susi: Oh, da kenn ich mich aus: "Wer ist Reichskanzler Schlüß?" *(Sie kichert.)* Meine Damen und Herren, wir erleben hier hautnah, wie gebildet die Bergtalberger alle sind, so weit weg von Pisa und trotzdem –

Lutz (erhebt sich): Friedrich Schiller. *(Er verliest):* "Wir haben Begriffe von der Weisheit des höchsten Wesens, von seiner Güte, von seiner Gerechtigkeit – aber keinen von seiner Allmacht. Hätten wir eine Real-Idee seiner wirkenden Allmacht, so wären wir Schöpfer wie Er" –

Susi: Aha.

Pastor Finke (erhebt sich): Martin Luther. *(Auswendig):* "Es geht nicht ins Menschenherz, daß Gott der Vater ist. Sonst, wenn wir es v ö l l i g könnten glauben, so wär der Himmel schon da."

Lutz (ist stehen geblieben und schließt nahtlos an): "Wer es glaubt, dem ist das Heil'ge nah."

Susi: Das sieht aber heute vielleicht nicht jeder so.

Lutz: Wohl kaum, denn *(liest ab):* "In seinen Göttern malt sich der Mensch."

Susi: Moment mal.

Finke: "Denn der innerlichste Mensch", sagt Luther, "ist mit Gott eins, fröhlich und lustig ... "

Susi: Bin ich doch, ist hier doch jeder heute: lustig.

Finke: " ... und alle seine Lust besteht darin, daß er Gott umsonst in freier Liebe dienen möchte": ist das hier so?

Susi: Das ist hier nicht das Thema unserer heutigen Sendung.

Lutz: Doch. *(Er verliest:)*
"Nehmt die Gottheit auf in euren Willen,
Und sie steigt von ihrem Weltenthron."

Susi (weiß nicht, was sie sagen soll.)

Lutz (setzt sich.)

Susi: Also, da weiß ich nun nicht –

Finke: "Niemand weiß, wie groß es ist, Gott allein zu trauen, als wer es anfängt und mit Werken versucht." Martin Luther. *(Er setzt sich.)*

Susi: Das sehe ich leider gar nicht –

Finke (steht wieder auf): "Wenn Eure Kurfürstliche Gnaden glaubte, so würde sie Gottes Herrlichkeit sehen; weil sie aber noch nicht glaubt, hat sie auch noch nichts gesehen." *(Er setzt sich.)*

Alle (lachen.)

Susi: Luthers berühmter deutscher Humor: ach ja!

Anna: Im Alter von achtzehn Jahren erwägt Goethe am 10. November in Leipzig, sich das Leben zu nehmen.

Susi: Hat er aber bleiben lassen. Oder? Aber schnell zurück zu unserm Quiz, ganz konkret. Ich will mal weiterhelfen: nein, ich meine einen 9. November in Berlin, die Zeiten sind turbulent, das Volk ist auf den Straßen, demonstriert und –

Tim (besteigt seinen Stuhl): Philipp Scheidemann, SPD, von einem Fenster des Reichstages aus zur Menge auf der Straße:

Susi: Moment mal.

Tim: Nee. 9. November 1918, 14 Uhr *(er verliest):* "Mitbürger! Arbeiter und Soldaten! Der unglückselige Krieg ist zu Ende. Das Morden ist vorbei. Unerhörtes ist geschehen. Der Kaiser – "

Uwe (steigt auf seinen Stuhl und unterbricht): Moment. Karl Liebknecht – oder KPD, am selben 9. November 1918 um 16 Uhr vom Balkon des Kaiserlichen Schlosses in Berlin zur Menge auf der Straße:

Tim: Moment noch.

Uwe: Nee. *(Er verliest:)* "Der Tag der Revolution ist gekommen. Wir haben den Frieden erzwungen. Das Alte ist nicht mehr."

Tim (als Scheidemann, liest weiter): "Der Kaiser hat abgedankt. Er und seine Freunde sind verschwunden."

Uwe (als Liebknecht, liest weiter): "Die Herrschaft der Hohenzollern in diesem Schloß ist vorüber."

Tim (als Scheidemann, liest weiter): "Über sie alle hat das Volk auf der ganzen Linie gesiegt."

Uwe *(als Liebknecht, liest weiter):* "Durch dieses Tor wird die neue sozialistische Freiheit der Arbeiter und Soldaten einziehen."

Tim *(als Scheidemann, liest weiter):* "Seid euch der geschichtlichen Bedeutung dieses Tages bewußt."

Uwe *(als Liebknecht, liest weiter):* "Der Tag der Freiheit ist angebrochen."

Tim *(als Scheidemann, liest weiter):* "Alles für das Volk, alles durch das Volk!"

Uwe *(als Liebknecht, liest weiter):* "Die Herrschaft des Kapitalismus, der Europa in ein Leichenfeld verwandelt hat, ist gebrochen!"

Tim *(als Scheidemann, liest weiter):* "Es lebe das Neue! Es lebe – "

Uwe *(als Liebknecht, liest weiter):* "Ich proklamiere die freie – "

Tim *(als Scheidemann, liest weiter):* "Es lebe die Deutsche – "

Uwe *(als Liebknecht, liest weiter):* " – die freie sozialistische – "

Beide: "Republik Deutschland!"

Beide steigen von ihrem Stuhl hinunter und setzen sich wieder.

Susi: Toll. Das war jetzt 1989, oder?

Lisa *(erhebt sich und verliest):* "Am nächsten Tage sehr früh verließen Schiller und sein Freund Mainz, wo sie den herrlichen Anblick des Zusammentreffens vom Rhein- und Mainstrome genossen und den echt deutschen Eigensinn bewunderten, mit welchem beide Gewässer ihre Abneigung zur Vereinigung bezeichneten."

*Lutz erhebt sich, **Lisa** setzt sich.*

Lutz: Schiller: "Wo Parteien entstehn, hält jeder sich hüben und drüben. Viele Jahre vergehn, eh sie die Mitte vereint."

Hans *(erhebt sich):* Hier ist sie:

Lutz *(setzt sich).*

Hans: "An jenem 9. November 1918 wurde es mir klar, und das große Schwanken in meinem Leben nahm ein Ende. Ich habe mich in dieser Nacht entschlossen, daß ich mich der Politik zuwenden würde." Gezeichnet Adolf Hitler. Siegheil.

Rolf, Wolf und Götz: Siegheil.

Susi: Moment mal.

Otto Schneider *(erhebt sich):* Aber schon am 11. November 1932 hat, ebenfalls in Berlin, der Generalleutnant außer Dienst von Waechter eine "Arbeitsgemeinschaft der monarchistischen Bewegung" ins Leben gerufen: mit dem Ziele, die Erbmonarchie in Deutschland auf legalem Wege wieder einzuführen.

Max Teepe *(erhebt und verneigt sich):* Vielen Dank. Doch als legitimer Deutscher Kaiser von Gottes Gnaden und König von Preußen im Exil verkünde ich hierzu: "Also, nachdem ich von den Deutschen so gemein behandelt wurde, ist mir die ganze Bande wurscht." *(Er setzt sich.)*

Lola Glimpe *(erhebt sich):* Seitdem versucht die ganze Bande, sich selbst zu helfen.

Susi: Das ist aber auch nicht der Politiker, nach dem wir suchen, mit unserm Quiz. Also, weiterraten, weiterraten!

Lola: Als es in Bonn noch keine Regierung gab, begann dort 1948 am 10. November der Hauptausschuß des provisorisch amtierenden Parlamentarischen Rates mit der ersten Lesung des neu entworfenen Grundgesetzes, auf dem die deutsche Demokratie seither basiert: juristisch, politisch, moralisch und geistig. Ich verlese daher symbolisch den ersten Artikel dieser Verfassung: "Die Würde des Menschen ist unantastbar. Sie zu achten und zu schützen, ist Verpflichtung aller staatlichen Gewalt." Dankeschön. *(Sie reicht das Grundgesetz an ihre Platznachbarin Iris Pohl aus Bergtal weiter und setzt sich.)*

Susi: Das paßt ja wunderbar. Auch der Politiker in unserm Quiz hat sicher dazu beigetragen oder sowas. Na, wer kommt jetzt drauf?

Gerda: Was gibt es denn als ersten Preis?

Susi: Oh, eine tolle Überraschung: ein ganz tolles Überraschungs- ... Package. Also: wer holt sich das? Na?

Anna: Im Alter von 37 Jahren steht Goethe am 10. November vor der Pyramide des Cestius auf dem unkatholischen Friedhof in Rom. Er zeichnet dieses antike Grabmal: mit einem davorgelegenen Grabstein, der schon den Namen Goethe trägt, und dichtet: "Hermes führe mich später, Cestius Denkmal vorbei, leise zum Orkus hinab."

Susi: Na toll, aber begraben ist er ja doch nicht in diesem Orkus. Oder doch?

Dr. Senge (erhebt sich neben Potz-Brosam): Es gab auch einen 10. November in Deutschland, da schützte kein Grundgesetz die Würde jenes Mannes, der in Frankfurt am Main, der Stadt Goethes und Robert Blums, eine Mülltonne durchwühlte. Er durchwühlte sie nicht freiwillig. SA-Männer zwangen ihn dazu. Sie behaupteten, er habe da im Müll seinen Gebetsmantel versteckt. Den wollten sie unbedingt haben. Dieser Mann war nämlich Dr. Salzberger und gehörte als Rabbiner zu jener Synagoge, die hinter ihm gerade in Flammen aufging. Er hätte sie gern zu löschen versucht, aber er mußte in der Mülltonne wühlen. Die SA-Männer drohten, ihn mit dem schweren Deckel der Mülltonne zu erschlagen, falls er seinen Gebetsmantel da nicht fände. Dabei mußte er laut Die Zehn Gebote ausrufen, wie Moses sie von Jehowa auf dem Berge Sinai für das jüdische Volk empfangen hatte. Sie stehen in der Thorah, und er mußte sie mit lauter Stimme über die ganze Müllkippe hin und in die Rauchschwaden seiner brennenden Synagoge hinein rufen. Die SA-Männer setzten ihm dabei den Hut verkehrt rum auf den Kopf und fotografierten ihn so. *(Er legt sich einen Tallit, den jüdischen Gebetsmantel, um die Schultern.)*

Susi: Ist ja schrecklich. Aber was hat das jetzt mit unserer Schiller-Sendung zu tun?

Dr. Senge: Es hat mit unserer Luther-Sendung zu tun. Denn das alles geschah im Jahre 1938 an Luthers Geburtstag. Und Luther hat für das Alte Testament meiner christlichen Brüder und Schwestern auch diese Zehn Gebote des Moses ins Deutsche übersetzt. "Ich mühte mich", sagt er selbst, "den Moses so deutsch zu machen, daß niemand vermuten würde, er sei ein Jude". Also sollen Die Zehn Gebote auch hier nun in lutherdeutscher Sprache an Dr. Salzberger erinnern:

"Ich bin der Herr, dein Gott, der ich dich aus Ägyptenland, aus dem Diensthause geführt habe." *(Er reicht den Thorah-Text an seinen Nachbarn Markus weiter, der sich erhebt, und legt ihm seinen Tallit um die Schultern.)* Das ist der Gebetsmantel von Dr. Salzberger. Nun sprich das nächste Gebot.

Markus: "Du sollst keine andern Götter haben neben mir."

Dr. Senge: Lauter, sonst knallt's.

Markus (sehr laut): "Du sollst dir kein Bildnis noch irgend ein Gleichnis machen, weder des, das oben im Himmel, noch des, das unten auf Erden, oder des, das im Wasser unter der Erde ist."

Dr. Senge: Lauter, du Judensau!

Pastor Finke und *Lutz stehen auf.*

Markus (schreit): "Bete sie nicht an, und diene ihnen nicht."

Pastor Finke (leise): "Wenn das erste Gebot", sagt Martin Luther, "gebietet, wir sollen nur einen Gott haben, so geschieht das durch einen festen Glauben. Mit keinem andern Werk –

Lutz (unterbricht): "Mag der Wahnwitz diese Erde gängeln! *(Er tritt zu Markus:)*
Geh du heim zu deinen Brüdern Engeln,
Denen du entlaufen bist."

(Er nimmt Markus zärtlich in die Arme und hält ihn.)

Finke: "Mit keinem andern Werk kann man Gott erlangen oder verlieren als allein mit Glauben oder Unglauben."

Lutz (zum umarmten Markus): "Du mußt glauben, du mußt wagen, Denn die Götter leihn kein Pfand - "

Finke: "Der andern Werke reichet keines bis zu Gott."

Lutz (noch zu Markus): "Nur ein Wunder kann dich tragen In das schöne Wunderland."

Hans: "Es genügt nicht, daß ich daran glaube, sondern es ist notwendig, daß ich hinter mir ein glaubensstarkes, zuversichtliches deutsches Volk habe. Das zu erzielen, ist unsere Aufgabe." Gesprochen am selben 10. November 1938 in München: Adolf Hitler.

Ute: Zitat: "Hitler ist kein Zufall, keine Entgleisung. Von ihm fällt 'Licht' auf Luther zurück, und man muß Luther weitgehend in Hitler wiedererkennen. Er ist ein echtes deutsches Phänomen." Geschrieben 1937: Thomas Mann.

Uwe (springt auf): Neun Tage vor seinem Hungertode am 9. November im Knast dieses unsres Wunderlandes schreibt Holger Meins am Reformationstag 1974 in einem Brief:

"Es stirbt ein jeder. Frage ist nur, wie du gelebt hast.
Entweder Schwein oder Mensch,
kämpfend gegen die Schweine
als Mensch für die Befreiung des Menschen:
revolutionär, im Kampf –

bei aller Liebe zum Leben: den Tod verachtend.

Das ist für mich: dem Volk dienen.

Tod dem Schweinesystem. Es lebe die RAF."

Potz-Brosam: Schiller und die Folgen.

Vera *(erhebt sich):* "Das Lied der RAF. Von Ulrike Meinhof. Nach Bertolt Brecht und Kurt Tucholsky.

Die RAF ist der Vortrupp der Massen

sie führt ihren Kampf

mit den Methoden der Klassiker ...

Schlagt die Faschisten, wo ihr sie trefft."

Markus *reicht Tallit und Thorah-Text an seinen Nachbarn Max weiter.*

Musik Nr. 49:

Ruth *(singt):* "Schlagt die Faschisten –

Ruth und Vera *(singen):* Schlagt die Faschisten –

Ruth, Vera und Uwe *(singen):* Schlagt die Faschisten –

Ruth, Vera, Uwe und Bickel *(singen):* – wo ihr sie trefft!

Hans: Na, macht doch. ... Schlagt doch! ... Trefft doch!

Sofort stehen sich zwei Fronten gegenüber und bedrohen sich in langsamen Kreisbewegungen:

Hans, Wolf, Rolf, Götz, Karl *und* ***Otto*** *einerseits;*

Uwe, Markus, Paul, Veit, Tim *und* ***Udo*** *andererseits.*

Das Tucholsky-Lied wird dabei wiederholt.

Auch die meisten andern erheben sich und ergreifen kreisend Partei.

Hans: Wenn ihr euch traut – Demokröten!

Wolf: Mach sie fertig, wir sind Deutsche.

Rolf: Deutschland den Deutschen!

Karl: Deutschland erwache!

Otto: Bergtal bleibt deutsch!

Wolf: Talberg bleibt deutsch!

Pause.

Lola Glimpe: Schiller und die Folgen.

Bickel: Luther und die Folgen.

Pause.

Vera (sagt ruhig und fest): Schlagt die Faschisten, wo ihr sie trefft.

Hans (zückt sein Springmesser.)

Dr. Senge und *Potz-Brosam* *springen auf.*

Potz-Brosam (schreit): Halt!

Susi (zu Potz-Brosam): Nur die Ruhe, Rüdiger: das schneide ich sowieso alles raus.

Alle Kämpfer wenden sich abrupt zu Susi um: ihre ganze Spannung ist schon verpufft.

Susi: Das ist sowieso alles Scheiße.

Potz-Brosam: Paß auf, Susi: dein Mikrofon ist offen.

Susi: Ach, du lieber Gott!

Sie schaltet ihr Mikrofon schnell aus, flüstert im folgenden unhörbar mit Potz-Brosam, der sich wieder setzt. Susi deutet pantomimisch das ausführliche Schneiden einer Schere, das Anhäufen eines hohen Stapels und dessen wegwischende Beseitigung an.

Iris Pohl (verliest): Grundgesetz, Artikel 2: "Jeder hat das Recht auf Leben und körperliche Unversehrtheit."

Alle Kampfhähne und -hennen wenden sich zu Iris um.

Iris (liest weiter): "Die Freiheit der Person ist unverletzlich. Jeder hat das Recht auf freie Entfaltung seiner Persönlichkeit – soweit er nicht die Rechte anderer verletzt."

Sie setzt sich und reicht das Grundgesetz an ihre Platznachbarin Vera weiter.

Auch alle andern setzen sich wieder.

Götz: Eins möchte ich noch klar stellen. Wilfried Bade, also der hat später bei Dr. Goebbels im Propagandaministerium die Abteilung für Posteingänge geleitet; und der hat schon vorher in der Kampfzeit klar gestellt: "Wir müssen jetzt für Goethe mit Bierkrügen und Stuhlbeinen arbeiten – "

Hans: Auch mit Springmessern.

Götz: "Und wenn wir gewonnen haben, nun, dann werden wir wieder die Arme ausbreiten und unsre geistigen Güter an unser Herz drücken. Die SA marschiert nämlich für Goethe, für Schiller, für Kant, für Bach, für den Kölner Dom und den Bamberger Reiter ... ".
Schweigen.

Musik Nr. 50:

Wolf (singt): "Ihr Toten vom 9. November,
Ihr Toten, wir schwören es euch:
Es leben noch vieltausend Kämpfer
Für das Dritte, das Großdeutsche Reich!"
Pause.

Veit (singt auf dieselbe Melodie):
"Es waren zwei rote Gardisten,
Die hatten einander so lieb.
Sie hatten sich Treue geschworen:
Ach, wenn es doch immer so blieb!"

Wolf (singt auf dieselbe Melodie):
"Da kam eine feindliche Kugel.
Die durchbohrte dem einen das Herz."

Veit (singt weiter):
"Für die Freunde, da war es ein Kummer."

Wolf *(singt weiter):*
"Für das Liebchen, da war es ein Schmerz."

Veit *(singt weiter):*
"Dem Schützen, dem schwören wir Rache
Für vergossenes Arbeiterblut."

Wolf *(singt weiter):*
"Es kommt die Stunde der Rache."

Veit *(singt weiter):*
"Dann bezahlt ihr mit eigenem Blut."

Anna *(in das peinliche Schweigen hinein):* Im Alter von gleichfalls 37 Jahren sieht Goethe einen Tag nach der Cestius-Pyramide, also am 11. November, auch die Grabruinen der Via Appia in Rom. Er bewundert die Architekturen dieses Totenkultes und notiert sich: "Es war auf alles kalkuliert, nur auf den Unsinn der Verwüster nicht – dem alles weichen mußte."

Hans *(verliest):* SS-Obergruppenführer Heydrich Doppelpunkt: "Als Maßnahme würde ich vorschlagen, daß der Jude nicht Eigentümer von Kraftwagen sein, auch nicht fahren darf, weil er damit deutsches Leben gefährden kann."

Susi: Also, unlogisch ist das ja nicht direkt.

Hans *(liest weiter):* Heydrich Doppelpunkt: "Zum Kurbetrieb folgendes. Ich sehe nicht ein, warum der Jude überhaupt in Bäder gehen soll."

Wolf *(verliest):* Feldmarschall Göring Doppelpunkt: "In Heilbäder, nein."

Hans (verliest): Heydrich Doppelpunkt: "Dann würde ich dasselbe für die Krankenhäuser vorschlagen."

Wolf (verliest): Göring: "Aber das muß allmählich gemacht werden."

Hans (verliest): "Dasselbe mit den öffentlichen Verkehrsmitteln."

Wolf (verliest): "Das muß alles durchgefiedelt werden."

Hans (verliest): "Ich wollte bloß grundsätzlich das Einverständnis erbitten, daß wir diese Dinge einleiten dürfen."

Finke und *Lutz* *erheben sich gleichzeitig.*

Finke: Martin Luther verkündigt uns Deutschen den Zorn Gottes –

Lutz (verliest): "Nichts ist des Menschen so unwürdig als Gewalt zu erleiden, denn Gewalt hebt ihn auf."

Finke (verliest): "Es ist unmöglich, daß Deutschland großen Plagen entgehe, weil Gott Tag für Tag gereizt wird, uns zu verderben."

Lutz (liest weiter): "Wer uns Gewalt antut, macht uns die Menschheit streitig."

Anna: Im Alter von 52 Jahren eröffnet Goethe in Weimar am 10. November als Geburtstagsgeschenk für Schiller jenes Mittwochskränzchen mit sieben Paaren, für die er eigens sein Stiftungslied dichtet. Überhaupt wird da viel gesungen.

Susi: Ja, eben: warum wird hier eigentlich gar nicht gesungen, wo wir doch zwei Chöre da haben?

Otto: Ich schlage zum 10. November das "Lied von Langemarck" vor.

Bickel (verliest): Goebbels Doppelpunkt: "Weiterhin ist es heute noch möglich, daß ein Jude mit einem Deutschen ein gemeinsames Schlagwagenabteil benutzt. Es muß also ein Erlaß herauskommen, daß für Juden besondere Abteile eingerichtet werden und daß, wenn dieses Abteil besetzt ist, die Juden keinen Anspruch auf Platz haben, daß die Juden aber nur dann, wenn alle Deutschen sitzen, ein besonderes Abteil bekommen, daß sie dagegen nicht unter die Deutschen gemischt werden und daß, wenn kein Platz ist, die Juden draußen im Flur zu stehen haben."

Susi: Kein Wort verstanden, völlig unlogisch: wie soll das gehen?

Dr. Senge (verliest): Göring Doppelpunkt: "Da finde ich es viel vernünftiger, daß man ihnen eigene Abteile gibt."

Bickel (verliest): Goebbels: "Aber nicht, wenn der Zug überfüllt ist."

Dr. Senge (verliest): Göring: "Moment. Es gibt nur einen jüdischen Wagen. Ist er besetzt, müssen die übrigen zu Hause bleiben."

Susi: Ach, so geht das!

Die Neo-Nazis (lachen).

Bickel (verliest): Goebbels Doppelpunkt: "Aber sagen wir: es sitzen zwei Juden im Fern-D-Zug nach München, und die andern Abteile sind überfüllt. Diese beiden Juden hätten nun Sonderabteil."

Einige Juden (lachen).

Susi: Nee, das geht auch nicht!

Dr. Senge *(verliest)*: Göring Doppelpunkt: "Da brauche ich kein Gesetz. Das machen wir so. Da wird der Jude herausgeschmissen, und wenn er allein auf dem Lokus sitzt während der ganzen Fahrt."

Die Neo-Nazis *(lachen und furzen mit dem Munde).*

Lutz *(verliest):*

"Wo ich den deutschen Körper zu suchen habe, das weiß ich. Aber den deutschen Geist, sagt mir, wo findet man den?"

Finke: "Es mangelt den Deutschen", sagt Luther, "an Verstand."

Rolf *(verliest)*: Dr. Goebbels Doppelpunkt: "Es wäre zu überlegen, den Juden das Betreten des deutschen Waldes zu verbieten. Heute laufen Juden rudelweise im Grunewald herum."

Wolf *(verliest)*: Feldmarschall Göring Doppelpunkt: "Also, wir werden den Juden einen gewissen Waldteil zur Verfügung stellen und dafür sorgen, daß die verschiedenen Tiere, die den Juden verdammt ähnlich sehen – der Elch hat ja so eine gebogene Nase – sich da einbürgern."

Nicht nur die Neo-Nazis *(schreien vor Lachen).*

Dr. Senge *(verliest):* Göring Doppelpunkt: "Darüber hinaus wird der Führer jetzt endlich einen außenpolitischen Vorstoß machen. Das hat er mir am 9. November auseinander gesetzt. Es geht nicht mehr anders. Er will auch den andern Staaten sagen: 'Was redet ihr immer von den Juden? Nehmt sie!' "

Die Neo-Nazis *(applaudieren).*

Dr. Senge *(verliest als Göring):* "Ich möchte noch einmal zusammenfassen: Das Reich hat die Sache in die Hand genommen."

Vera *(verliest):* Grundgesetz, Artikel 3: "Alle Menschen sind vor dem Gesetz gleich."

Pastor Finke: "Es ist nicht recht", sagt Martin Luther, "daß man Leute so jämmerlich ermordet."

Vera *(liest weiter):* "Niemand darf wegen seines Geschlechtes, seiner Abstammung, seiner Rasse, seiner Sprache, seiner Heimat und Herkunft, seines Glaubens, seiner religiösen oder politischen Anschauungen benachteiligt oder bevorzugt werden." *(Sie reicht das Grundgesetz an Lisa weiter.)*

Lutz *(verliest):* "Aus diesem Standpunkt betrachtet, muß uns die Nation der Hebräer als ein wichtiges universalhistorisches Volk erscheinen, und alle Bemühungen, es zu verkleinern, werden uns nicht hindern, gerecht gegen dasselbe zu sein."

Finke *(fährt fort):* "Man sollte ja einen jeglichen lassen glauben, was er wollte", sagt Martin Luther.

Lutz *(liest weiter):* "Auf diese Art", sagt Friedrich Schiller, "werden wir gleich weit entfernt sein, dem hebräischen Volk einen Wert aufzudringen, den es nie gehabt hat –

Hans: Sehr richtig.

Wolf: Juda verrecke!

Lutz *(übertönt das):* " – und gleich weit entfernt, ihm ein Verdienst zu rauben, das dieser Nation in der Weltgeschichte nicht streitig gemacht werden kann."

Lisa *(verliest):* Grundgesetz, Artikel 4: "Die ungestörte Religionsausübung wird gewährleistet." *(Sie reicht das Grundgesetz an ihre Nachbarin Eva weiter.)*

Max *(erhebt sich und verliest mit umgelegtem Tallit das Thorah-Gebot):* "Gedenke des Sabbattags, daß du ihn heiligest." *(Er reicht Tallit und Thorah-Text an seinen Nachbarn* Uwe *weiter und setzt sich.)*

Anna: Im Alter von 56 Jahren bereitet Goethe für den 9. November im Hoftheater Weimar seine Trauerfeier für den verstorbenen Schiller vor. Mit einem neuen Oratorientext. Sie wird jedoch vom Hofe verhindert.

Susi: Warum das denn? Ich denke, Schiller war da persona grata?

Dr. Senge: Genau das. Als er nach Weimar übersiedelte, exakt vor zweihundert Jahren, 1799: da bekam er vom Herzog präzise am 11. November zwar eine kleine Gehaltserhöhung, als Umzugsgeld – aber mit der Maßgabe, künftig alle Dramenpläne als Exposé zunächst dem Landesherrn zur Billigung vorzulegen.

Susi: Ist ja witzig: genau wie heute beim Fernsehn!

Lutz: Naja – an einem früheren 11. November hatte Schiller, 25jährig, immerhin hierfür einen Anlaß geboten und öffentlich bekannt gegeben: "Ich schreibe als Weltbürger, der keinem Fürsten dient."

Otto: Aber hier irrte Schiller. Nie und nimmer war er Weltbürger. Sondern zweihundert Jahre lang unser Nationalpoet: erster Dichter und Sänger Deutschlands.

Lutz: "Deutschlands? aber wo liegt es? Ich weiß das Land nicht zu finden. Wo das gelehrte beginnt, hört das politische auf."

Otto: Aber das stimmt ja gar nicht. Das ist Nestbeschmutzung. Ich sage nur Bismarck.

Max: Oder Hindenburg.

Karl: Ludendorff.

Otto: Langemarck.

Hans: Stalingrad.

Wolf: Rommel.

Lutz: "Das ist nicht des Deutschen Größe,
Obzusiegen mit dem Schwert.
In das Geisterreich zu dringen,
Vorurteile zu besiegen,
Männlich mit dem Wahn zu ringen:
Das ist seines Eifers wert."

Uwe: Wie Robert Blum.

Finke (erhebt sich): Und Martin Luther:

Lutz (kommt ihm zuvor): "Er ist erwählt, an dem ew'gen Bau der Menschenbildung zu arbeiten. Alles, was Schätzbares bei andern Zeiten und Völkern aufkam, hat er aufbewahrt, die Schätze von Jahrhunderten."

Finke: "Wir sind allzulange genug deutsche Bestien gewesen. Laßt uns einmal auch die Vernunft brauchen." *(Er setzt sich.)*

Lutz: "Jedem Volk der Erde glänzt
Einst sein Tag in der Geschichte,
Wo es strahlt im höchsten Lichte
Und mit hohem Ruhm sich kränzt –

Susi: Bei uns der 9. November.

Lutz (fährt fort): "Doch des Deutschen Tag wird scheinen,
Wenn die Völker sich vereinen
In der Menschheit schönes Bild!"

Veit: Napoleon.

Otto: Keine Menschheit ohne Vaterland.

Lutz: "Das vaterländische Interesse ist nur für unreife Nationen wichtig. Es ist ein armseliges, kleines Ideal, für eine Nation zu schreiben. Alle denkenden Köpfe verknüpft jetzt ein weltbürgerliches Band. Mit welcher Innigkeit sind unsere Staaten in einander verschlungen! wie viel dauerhafter als vormals durch Verträge verbrüdert! Den Frieden hütet jetzt ein ewig geharnischter Krieg, und die Selbstliebe eines Staats setzt ihn zum Wächter über den Wohlstand des andern. Die europäische Staatengesellschaft scheint in eine große Familie verwandelt. Bürger des Universums, der jedes Menschengesicht in seine Familie aufnimmt und das Interesse des Ganzen mit Bruderliebe umfaßt, fühl' ich mich aufgefordert, dem Menschen die Magnetnadel an sein Herz hinzuhalten. Dem Geiste nach ist es die Pflicht des Dichters, zu keinem Volk und zu keiner Zeit zu gehören, sondern der Zeitgenosse aller Zeiten zu sein:

Zur Nation euch zu bilden, ihr hoffet es, Deutsche, vergebens;
Bildet, ihr könnt es, dafür freier zu Menschen euch aus."

Viele *(applaudieren).*

Lutz *(setzt sich).*

Lisa: Ich denke, genau dasselbe meint auch die Rede des amerikanischen Präsidenten Wilson am 11. November 1918 vor dem Kongreß in Washington zur Beëndigung des Ersten Weltkriegs: "Die großen Völker", sagt er da, "haben sich jetzt endgültig zu dem gemeinsamen Ziele vereinigt, einen Frieden aufzurichten, der die Sehnsucht der ganzen Welt nach uneigennütziger Gerechtigkeit befriedigen wird."

Eva *(verliest):* Grundgesetz, Artikel 1: "Das Deutsche Volk bekennt sich darum zu unverletzlichen und unveräußerlichen Menschenrechten als Grundlage jeder menschlichen Gemeinschaft, des Friedens und der Gerechtigkeit in der Welt." *(Sie reicht das Grundgesetz an ihre Platznachbarin Lena weiter.)*

Susi: Und was ist jetzt mit unserm Quiz?

Otto: Und mit dem Lied von Langemarck?

Lola: Überhaupt mit unsern Liedern? Wir sind zwei Chöre!

Susi: Ja, eben: "Feste Burg ist Götterfunke". Funken.

Anna: Im Alter von 67 Jahren schreibt Goethe am 10. und 11. November an einer Luther-Kantate zum 300. Jahrestage der Reformation.

Lola : Ach, und gibt es die?

Finke: Was steht denn da drin?

Anna: Das Luthertum beruhe auf dem Gegensatz von Gesetz und Evangelium: "so daß alles enthalten ist, was den Menschen interessieren kann", sagt Goethe: "dort das Gesetz, das nach Liebe strebt, hier die Liebe, die das Gesetz erfüllt, und zwar durch den Glauben."

Finke: Das klingt ja wirklich wunderbar lutherisch.

Anna: Jaja. Geht aber nicht ohne Kritik an der Kirche ab:

"Was soll all der Prunk bedeuten?
Regt er nicht der Seele Spott? *(Das folgende auswendig und blickaufwärts:)*
Wenn wir in das Freie schreiten:
Auf den Höh'n, da ist der Gott."

Pause.

Gerda: Ach, immer alles auf den Höhen. Aber unten: in den Tiefen? Ich bin eine kleine Geschäftsfrau, und für mich ist dieser 10. November –

Susi: Na, gut: dann schließe ich eben unser Quiz. Oder will noch jemand mitraten? Nein? Niemand? Frau Friebe? Auch nicht? Sehr schade. Dann ist hiermit unser Quiz beëndet. Herr Dr. Potz-Brosam: Sie sind der eigentliche Initiator dieses Schillerfestes.

Potz-Brosam: Eher des Lutherfestes.

Susi: Egal: das wollen wir heute nicht überbewerten. Ich darf Sie also bitten, nun die Auflösung unseres Quizrätsels zu verlesen: aber im genauen Wortlaut, bitte! *(Sie reicht ihm einen Text.)* Meine Damen und Herren, lassen Sie sich nun alle überraschen!

Potz-Brosam (verliest stockend und mit den Schwierigkeiten eines Kurzsichtigen, der für eine Brille zu eitel ist): "Ab sofort treten folgende zeitweilige Übergangsregelungen für Reisen und ständige Ausreisen aus der DDR in das Ausland in Kraft:"

Gerda: Schabowski: Erster!

Susi: Zu spät, zu spät: und wer zu spät kommt, den bestraft ... eh ...

Potz-Brosam (liest, nicht ohne Versprecher, weiter): "Die zuständigen Abteilungen Paß- und Meldewesen des Volkspolizei-Kreisämter in der DDR sind angewiesen, Visa zur ständigen Ausreise unverzüglich zu erteilen, ohne daß dafür noch geltende Voraussetzungen für eine ständige Ausreise vorliegen müssen."

Lena: Was soll das? *(Verliest:)* Grundgesetz, Artikel 11: "Alle Deutschen genießen Freizügigkeit" – also.

Gerda: Genau.

Lena (reicht das Grundgesetz an ihre Platznachbarin Gerda weiter).

Gerda: Vielen Dank. Aber was ich vorhin sagen wollte: für mich als kleine Geschäftsfrau ist der 10. November einfach nur der Anfang – nee, das Ende des Wirtschaftsjahres. Weiter nix. Schon immer.

Susi: Was soll das denn jetzt: wir sind bei Schiller und Schabowski.

Gerda: Nee, ich nich. Ich komme vom Bauernhof. Da blieb ab 10. November immer das Vieh im Stall, ab Sankt Martin. Und die Ernte war dann auch immer drin. Für die Landwirtschaft war das immer – tja.

Otto: Erntedankfest.

Gerda: Das ja nicht, aber nu fing der Winter an.

Hans: Wintersonnenwende.

Gerda: Nee, am 10. November wurden auch immer die Fässer mit dem neuen Wein geöffnet – für die langen Winterabende: gluck-gluck! *(Sie kichert.)*

Hans: Eben: Wintersonnenwendfeier.

Gerda: Nee, aber wer am 10. November ordentlich Gänsebraten gegessen hat: der hatte das ganze Jahr über reichlich Geld. Also, sagte man immer.

Max: Also, historisch ist das alles nicht ganz unbegründet. Im Mittelalter war der Martinstag am 10. November in ganz Deutschland auch der allgemeine Rechts- und Zinstermin, für Zahlungen, für Prozesse, für Schuldverschreibungen, auch der alljährliche Steuertermin, auch der alljährliche Pachtzinstermin, lauter sowas.

Susi: Tja – tempo passati, die gute alte Zeit!

Paul: Wieso: noch mein Großvater hat immer am Martinstag seinem gesamten Personal eine Sondervergütung gezahlt, ein Jahrestrinkgeld: weil an diesem 10. November, auch früher schon immer, das Gesinde seinen Jahreslohn bekam. Einmal im Jahr und fertig.

Max: Das war auch der einzige Tag, an dem ein Arbeitnehmer seine Stellung wechseln konnte.

Susi: Ja, und Schabowski ließ an diesem Tage die ganze DDR ihren Wohnsitz wechseln. Bitte, Herr Dr. Potz-Brosam –

Max: Insofern sollte dieser Tag gerade in unserer Freien Marktwirtschaft ein Feiertag sein. Er ist nicht das Ende, er ist der Anfang eines Wirtschaftsjahres, in unserm System also der eigentliche Neujahrstag, prosit Neujahr!

Otto: Schon bei den ollen Germanen war das so. An diesem Tage fing das neue Jahr an.

Eva: Ja, und ich muß auch jetzt noch meine Vorauszahlungen ans Finanzamt immer zum 10. überweisen, hängt das irgendwie –

Susi: Herr Dr. Potz-Brosam: Sie sind doch Betriebswirt?

Potz-Brosam (nickt.)

Udo: Ich stelle hiermit vor laufenden Kameras offiziell den Antrag, in unserm Wirtschaftsleben überhaupt endlich mal ganz neue Feiertage einzuführen: neue, zeitgemäßere Gedenktage, einen wirtschaftsbezogenen Kalender, ökonomische Tageszeiten und nicht bloß eine neue Währung, sondern auch ökonomischere Maße und Gewichte, ganz andere Normen, also auch andere Werte, andere Maßstäbe, neue Kriterien, die alle global wirklich nur noch an Markt und Wachstum orientiert sind.

Lutz und *Pastor Finke (erheben sich gleichzeitig).*

Udo: Doch: das ist längst überfällig.

Susi: Apropos Wachstum: wo ist denn jetzt mein Zettel mit diesem Text vom Zusammenwachsen? *(Sie wühlt in ihren Unterlagen.)*

Udo: Leben tun wir alle doch längst schon danach.

Lutz: "Euch ist alles ein Nichts, was man mit Scheffeln nicht misset, Was man in Bündel nicht packt, was man in Speichern nicht häuft."

Udo: Ja, ist doch so: Realitätssinn!

Finke: "Nun liegt einer Stadt Gedeihen", sagt Luther, "nicht allein darin, daß man große Schätze sammelt. Ja, wo viel davon da ist, ist es ein umso größerer Schade für diese Stadt."

Susi: Wieso das denn?

Lutz (verliest):

"Denn was ist Überfluß? Sprich selbst. Ein Name.
Just haben, was er braucht, genügt dem Weisen.
Und Schätze sind kein Eigentum des Menschen;
Der Mensch verwaltet nur, was ihm die Götter
Verliehn und, wenn sie wollen, wieder nehmen –
E i n Tag macht den Begüterten zum Bettler."

Finke: "Denn alle deine Güter, die sind nicht dein", sagt Luther genauso. "Du bist nur Verwalter, auf daß du sie weitergibst denen, die ihrer bedürfen."

Gerda: Tatsächlich. Hier genauso: Grundgesetz, Artikel 14: "Eigentum verpflichtet. Sein Gebrauch soll zugleich dem Wohle der Allgemeinheit dienen." Da bin ich platt. *(Sie reicht das Grundgesetz an ihre Nachbarin Dora weiter.)*

Finke: "Die da nichts geben, die behalten gar nichts. Aber wer da gibt, dem wird gegeben werden. Man muß geben, will man etwas haben."

Lutz:
"*Hast* du etwas, so gib es her, und ich zahle, was recht ist.
Bist du etwas, o dann tauschen die Seelen wir aus."

Finke: "Glaubst du, so hast du. Glaubst du nicht, so hast du nicht."

Uwe (erhebt sich und verliest mit umgelegtem Tallit das Thorah-Gebot): "Laß dich nicht gelüsten deines Nächsten Hauses, noch seines Ochsen, noch seines Esels, noch alles, was dein Nächster hat." *(Er setzt sich und reicht Tallit und Thorah-Text an seinen Nachbarn aus Bergtal weiter.)*

Lutz: "Die Hauptsache ist zwar freilich immer das Geld, aber nur für den Realisten von der strikten Observanz –

Susi: Was ist das denn? Deutsch reden, Schiller!

Lutz (fährt fort, zu Susi gewendet): "Ihnen aber muß ich den Spruch zu Herzen führen: Trachtet nach dem, was droben ist, so wird euch das übrige alles zufallen."

Finke: "Geld kann den Hunger nicht stillen, ist vielmehr Ursache zum Hunger. Denn wo reiche Leute sind, da ist alles teuer. Eine Menge Geld macht die Leute unverschämt."

Lutz: "Egoismus und Liebe scheiden die Menschheit in zwei höchst unähnliche Geschlechter, deren Grenzen nie in einander fließen."

Lisa: Wie Rhein und Main.

Lutz (fährt fort): "Liebe zielt nach Einheit, Egoismus ist Einsamkeit. Liebe verschenkt, Egoismus leiht. Liebe ist die mitherrschende Bürgerin eines blühenden Freistaats, Egoismus ein Despot – in einer verwüsteten Schöpfung."

Pause.

Finke: "Darum ist rechter Glaube ein überschwänglicher Reichtum, er bringt mit sich alle Seligkeit und nimmt ab alle Unseligkeit." *(Er setzt sich.)*

Lutz: "Ich bekenne es freimütig", sagt unser Jubel-Schiller: "Ich glaube an die Wirklichkeit einer uneigennützigen Liebe. Ich bin verloren, wenn sie nicht ist. Ich gebe die Gottheit auf, die Unsterblichkeit und die Tugend, wenn ich aufhöre, an die Liebe zu glauben. Ein Geist, der sich allein liebt, ist ein schwimmendes Atom im unermeßlichen leeren Raume." *(Er setzt sich.)*

Pause.

Anna: Im Alter von 77 Jahren deutet Goethe ganze 21 Jahre nach Schillers Tod in einem Brief vom 10. November zum ersten Male seine Sehnsucht an, einzig und allein mit Schiller das Grab zu teilen. Wörtlich: "Was eigentlich ganz nahe liegt."

Pause.

Veit: Das stimmt. Aber trotzdem wurde dieser Wunsch ihm nie erfüllt. Warum bloß nicht?

Anna: Fragen Sie die Machthaber.

Pause.

Susi: Ach, da ist ja der Zettel!

Veit: Vielleicht wäre das ja ein passendes Geschenk jetzt zu seinem Geburtstag?

Susi (entnimmt ihrem Zettel): Also, Willy Brandt soll ausgerechnet am 10. November 1989 vor dem Schöneberger Rathaus in Berlin den schönen Satz gesagt haben: "Wir sind jetzt in der Situation, wo wieder zusammenwächst, was zusammengehört." Warum, weiß ich auch nicht.

Veit (in tuntig übertreibendem Tonfall): Das ist doch nicht vom Willy, das ist vom Napoleon *("Napoleon" mit höchst kokettem Augenaufschlag).*

Niemand (lacht).

Otto: Abgeschmackt. Willy Brandt und Helmut Kohl haben da gemeinsam das Lied von Langemarck gesungen.

Lola: Aber völlig falsch.

Bickel: Das war Brandt.

Lola: Das war Kohl.

Susi: Herr Dr. Potz-Brosam: haben Sie da noch mehr Text? Den müssen wir dann noch vorlesen, da hilft alles nix.

Potz-Brosam *(liest wieder fehlerhaft vor)*: "Also, Jenossen, mir isset also mitjeteilt worden ... Ja, ich habe nichts Gegenteiliges gehört. Ich drücke mich nur so vorsichtig aus, weil ich nun in dieser Frage nicht also ständig auf dem Laufenden bin, sondern kurz bevor ich rüberkam diese Information in die Hand gedrückt bekam."

Uwe: Also, das ist jetzt unfair, aus Schabowskis Pressekonferenz einen historischen Text machen zu wollen. Nee, Moment, Frau Padraulis. Die Wahrheit sieht anders aus. Vom 8. bis 10. November 1989 fand in Berlin eine ziemlich revolutionäre Tagung des Zentralkomitees der SED statt, ja?

Rolf: Rote Socke!

Vera: Braune Socke!

Uwe: Und schon am 9. November gab es darüber eine Pressekonferenz mit Schabowski, ja?

Susi: Na, eben. Das wollen wir jetzt zu Ende hören: Herr Doktor –

Uwe: Nee, das wollen wir nicht. Denn das Abschluß-Communiqué dieser Tagung des ZK kam erst einen Tag später heraus, an unserm 10. November, und informierte die Welt über ein sehr ungewöhnliches "Aktionsprogramm der SED", ich zitiere *(vom Blatt):* "um die erstarrten politischen Strukturen aufzubrechen und erste Schritte einer Wende einzuleiten".

Otto: Für Wendehälse.

Uwe *(entnimmt weiter seinem Blatt):* Ziel sei es, den Sozialismus in der DDR mit mehr Demokratie und einem neuen Wahlrecht zu verbessern. Das ist die lautere Wahrheit, und die Öffnung der Mauer war das erste Signal für det Neue.

Einige Mitglieder der Luther-Kantorei *(applaudieren).*

Lutz*:* Auch alles das hat wunderbarer Weise schon unser Schiller bedichtet. *(Er tritt zu Uwe.)*

"Für Menschen hat der linke Mann geschrieben.
Ihn darf auch unsereiner lieben.
Komm, linker Mann! Ich küsse dich!"

Lutz umarmt und küßt Uwe.

Potz-Brosam *(springt auf und ruft wie befreit):* Das ist das Signal, helau! Narren und Närrinnen: "Ausschwärmen zum Bützen!" Helau!

Viele andere *(rufen):* Helau!

Potz-Brosam *(packt Susi und küßt sie).*

Viele andere folgen seinem Beispiel und küssen ihre Platznachbarn.

Andere springen auf, "schwärmen aus" und steuern auf die Objekte ihrer Bützlust zu, küssen die wo auch immer.

Allgemeine Kuß-Orgie.

Veit *(setzt sich in diesem Getümmel die klassisch übertreibende Zopfperükke der Kölner Karnevals-Jungfrau auf und mischt sich mit deren obligaten Knicksen und Kußhänden in die allgemeine Begeisterung).*

Musik Nr. 51:

Vorspiel schon zur Untermalung der Kuß-Orgie.

Dann beginnen einzelne zu singen, es werden immer mehr, schließlich singen und wiederholen fast alle aus voller Brust Willi Ostermanns Karnevals-Refrain von 1934:

"So schön wie augenblicklich, so schön wor et noch nie,
Enä, wat sin mer glöcklich, su'n Zick, die kütt nit mie." *(dacapo!)*

Potz-Brosam *(als Rheinländer singt die erste Strophe):*
"Hurra, wat sin mer got gesennt, wat wor dat fröher schlääch.
Uns wor su manches nit vergönnt, et kom kä Minsch zorääch.
Doch sowas von Zufriedenheit wie hückzodag eß klor,
Et strotz de Welt von Einigkeit, saht, eß dat dann nit wohr?"

Alle *(singen, tanzen und wiederholen den Refrain):*
"So schön wie augenblicklich, so schön wor et noch nie,
Enä, wat sin mer glöcklich, su'n Zick, die kütt nit mie."

Alle fallen sich um den Hals und küssen sich, lassen sich dann lachend und schwatzend auf irgendwelchen Stühlen nieder.

Susi: Also, wenn das kein Reality-TiWi ist, meine Damen und Herren zu Hause unter den Schirmen: das genau ist Reality-TiWi!

*Nur **Pastor Finke** und **Lutz** haben sich unbemerkt aus dem allgemeinen Trubel isoliert und sind links und rechts vorn, also weit voneinander entfernt, an die Rampe getreten.*

Susi: "Es strotzt die Welt vor Einigkeit": ein wunderbares Schlußwort zu unserer Sendung "Ein feste Freude ist unser Götterfunk" aus Bergtalberg.

Aber leider, leider haben wir noch die Auflage, unsere beiden Titelmelodien zu singen, wie heißen die noch mal genau: Frau Glimpe? Herr Bickel?

*Das Licht konzentriert sich mehr und mehr auf **Lutz** und **Pastor Finke**.*

Lutz: "Jetzt herrscht das Bedürfnis. Der Nutzen ist das große Idol der Zeit. Auf dieser groben Waage hat das geistige Verdienst kein Gewicht und verschwindet von dem lärmenden Markt des Jahrhunderts."

Finke: "Deutschland ist allezeit das beste Land gewesen, es wird ihm aber gehen wie Troja, daß man wird sagen: Es ist aus."

Lutz: "Man wird in andern Weltteilen den Negern die Ketten abnehmen und in Europa den Geistern anlegen."

Finke: "Soll man denn zulassen, daß lauter Rüpel und Flegel regieren, obwohl mans wohl bessern kann?"

Lutz: "Der Ernst deiner Grundsätze wird sie von dir scheuchen, aber im Spiele ertragen sie sie noch – "

Finke: "Das ist einer Stadt allerreichstes Gedeihen, daß sie viele feine, gelehrte, vernünftige, ehrbare, wohlerzogene Bürger hat – "

Lutz: "Ihre Maximen wirst du umsonst bestürmen, ihre Taten umsonst verdammen, aber an ihrem Müßiggange kannst du deine bildende Hand versuchen."

Finke: "Darum müssen wir selbst etwas dazu tun und Mühe und Kosten daran wenden, sie zu erziehen und zu machen."

Lutz: "Verjage die Willkür, die Frivolität, die Rohigkeit aus ihren Vergnügungen –

Susi: Tun wir doch.

Lutz: – so wirst du sie unvermerkt auch aus ihren Handlungen, endlich aus ihren Gesinnungen verbannen.

(Langsames Aufhellen wie zu einer Gloriole.)

Wo du sie findest, umgib sie mit edeln, mit großen, mit geistreichen Formen, schließe sie ringsum mit den Symbolen des Vortrefflichen ein, bis der Schein die Wirklichkeit und die Kunst die Natur – überwindet."

Pause allgemeiner Ratlosigkeit.

Anna: Im Alter von 81 Jahren schreibt Goethe in einem Brief vom 9. November: "Ich will nicht zu sagen unterlassen, was mir gerade einfällt. Schillern war eben diese echte Christus-Tendenz eingeboren, er berührte nichts Gemeines, ohne es zu veredeln ... gerade wie im Evangelium: Es ging ein Sämann aus zu säen."

Ruth (erhebt sich und tritt in die Mitte): Am 10. November 1938, dem Tage nach der Reichskristallnacht, werden abends im Führerbau zu München die folgenden Worte gesprochen – Regie? Bitte einspielen:

Adolf Hitler (vom Tonband): "Ich habe, das muß ich Ihnen noch dazu sagen, oft ein einziges Bedenken, und das ist folgendes: Wenn ich so die intellektuellen Schichten bei uns ansehe, leider, man braucht sie ja; sonst könnte man sie eines Tages ja, ich weiß nicht, ausrotten oder sonstwas."

(Falls das benötigte Tonband mit dieser Hitlerrede nicht erhältlich oder für eine solche Wiedergabe nicht geeignet sein sollte, wird der vorstehende Text von Ruth verlesen: mit Autorenangabe.)

Pastor Finke: "Ach Herre Gott, laß dich's erbarmen über das arme Deutschland."

Otto: Deutschland, Deutschland, über alles: ich bitte jetzt alle Kameraden, mit mir gemeinsam das "Lied von Langemarck" zu singen.

Pause.

Also, nur die erste Strophe, versteht sich

Hans, Karl, Rolf, Wolf, Götz *und* **Max** *treten nach und nach zu* **Otto.**

Lutz *(geht währenddessen über die ganze Bühnenbreite zu* **Pastor Finke** *links außen):* Und wo sollen wir jetzt bleiben?

Finke: Luther sagt: "Unterm Himmel." *(Er entfernt sich und setzt sich dann irgendwo.)*

Tim, Veit, Paul, Uwe, Ruth, Dr. Senge *und* **Markus** *treten nach und nach zu den andern "Langemarck"-Sängern hinzu.*

Susi: Da bin ich ja gespannt.

Dora *(verliest):* Grundgesetz, Artikel 5: "Jeder hat das Recht, seine Meinung frei zu äußern. Eine Zensur findet nicht statt."

Susi: Ach, das ist ja toll. Steht das so da drin?

Die "Langemarck"-Sänger *(einigen sich auf einen Anfangston).*

Anna: Nur einen Tag später, am 10. November, erfährt der 81jährige Goethe, daß sein einziger Sohn in Rom gestorben und bei der Cestius-Pyramide begraben ist. Einem Freunde schreibt er: "Und so, über Gräber, vorwärts!"

Lutz: Regie? Bitte einspielen! *(Er tritt zu den "Langemarck"-Sängern.)*

Musik Nr. 52:

Die "Langemarck"-Sänger *(singen)*:

"Deutschland, Deutschland, über alles,
Über alles in der Welt – "

Tonband: *Maschinengewehrsalven wie in der Flandernschlacht 1914 bei Langemarck.*

Lutz, Tim, Markus, Uwe und ***Veit*** *(schreien aus Leibeskräften als Verwundete oder Sterbende in den Gesang der andern hinein)*.

Die andern *(singen weiter)*:

"Wenn es stets zu Schutz und Trutze
Brüderlich zusammenhält – "

Schießen und Schreien halten an.

Die Zahl der Singenden reduziert sich zunehmend; manche flüchten zu ihren Stühlen. Die Verbleibenden singen nur umso trotziger:

"Von der Maas bis an die Memel,
Von der Etsch bis an den Belt – "

Nur noch Hans und Otto *(singen zum Geschrei der Beschossenen)*:

"Deutschland, Deutschland, über alles,
Über alles in der Welt!"

Zäsur.

Musik Nr. 53:

Hans *(beginnt vorsichtig, allein das Horst-Wessel-Lied zu singen):*
"Die Fahne hoch – "

Allgemeine Schrecksekunde.

Uwe *(fällt mit einer zeitgenössischen Parodie ein):*
"Jetzt muß sich hier verkünden –

Lutz, **Tim**, **Veit**, **Ruth** und **Markus** *(singen mit Uwe mit):*
Wer Freiheit liebt."

Zäsur.

Hans und **Otto** *(singen dagegen):*
"Wer Todesfurcht nicht kennt."

Uwe und **Tim** *(singen):*
"Dann werden wir ein rotes Feuerwerk entzünden –

Alle *(außer Hans):*
In dem das ganze Dritte Reich verbrennt!"

Zäsur.

Pastor Finke *(erhebt sich mit umlegegtem Tallit und dem Thorah-Text in der Hand):*

"Du sollst nicht töten."

Pause.

Anna: Im Alter von 82 Jahren starb Goethe an einem Frühlingstag im März. Aber die Freimaurerloge "Amalia", der er fast fünfzig Jahre lang angehört hatte, veranstaltete die Trauerfeier für ihn erst sehr viel später – am 9. November.

Bickel: Am Vorabend zu Schillers Geburtstag.

Lola Glimpe: Oder zu Luthers Geburtstag.

Dr. Senge: Nein, zu Schillers Geburtstag.

Gerda: Zu Luthers Geburtstag.

Ute: Schillers Geburtstag.

Markus: Luthers Geburtstag.

Schon haben sich die beiden Chöre wieder polarisiert.

Schiller-Chor: Schillers Geburtstag

Luther-Chor: Luthers Geburtstag.

Schiller-Chor: Schillers Geburtstag.

Luther-Chor: Luthers Geburtstag.

Feindseliges Schweigen.

Musik Nr. 2:

Lola *(singt):* "Der altböse Feind."

Pause.

Bickel *(singt):* "Mit Ernst ers jetzt meint."

Pause.

Uwe *(singt):* "Groß Macht und viel List
Sein grausam Rüstung ist."

Der ganze Lutherchor (singt): "Auf Erd ist nicht seinsgleichen."

Pause.

Max *(aus dem Schillerchor singt):* "Und wenn die Welt voll Teufel wär –

Rolf *(aus dem Schillerchor singt):* "Und wollt uns gar verschlingen – "

Vera *(aus dem Lutherchor singt):* "So fürchten wir uns nicht so sehr."

Der ganze Schillerchor *(außer Lutz, singt):* "Es soll uns doch gelingen."

Pause.

Lutz *(singt):* "Mit unsrer Macht ist nichts getan. *(Pause.)*
Wir sind gar bald verloren. *(Pause.)*
Es streit für uns der rechte Mann,
Den Gott selbst hat erkoren:

Pastor Finke *(sagt):* Friedrich Schiller.

Lutz *(singt zur selben Melodie den Parodietext von Carl Weiser):*
"Nein, Vater Luther, dein Gesang,
Der einst die Nacht verscheuchte,
Der führ uns auch in diesem Drang
Wie eine Himmelsleuchte."

Ruth *(singt weiter):* "Und wenn auch tausend Feinde dräun,
Dein Lied soll unsre Losung sein:
Laß fahren dahin!
(Den Schillerchor auffordernd:) Wir – "

Schillerchor *(singt):* " – habens kein Gewinn."

Beide Chöre *(singen):* "Auf Erd ist nicht seinsgleichen."

Pastor Finke *(sagt):* Doch.

Musik Nr. 39:

Pastor Finke *(singt aus der 6. Strophe von Schiller/Beethovens "An die Freude"):*

"Groll und Rache sei vergessen,
Unserm Todfeind sei verziehn."

Lutz *(singt):* "Keine Träne soll ihn pressen."

Lola *(singt):* "Keine Reue nage ihn."

Ruth *(singt):* "Göttern kann man nicht vergelten."

Markus *(singt):* "Schön ist's, ihnen gleich zu sein."

Vera (singt):

"Gram und Armut soll sich melden,
Mit den Frohen sich erfreun."

Tim (intoniert die 9. Strophe): "Rettung von Tyrannenketten!"

Eva (singt): "Großmut auch dem Bösewicht!"

Anna (singt): "Hoffnung auf den Sterbebetten!"

Götz (singt): "Gnade auf dem Hochgericht!"

Otto (singt): "Auch die Toten sollen leben!"

Lutz (singt):

"Brüder, trinkt und stimmet ein:
Allen Sündern soll vergeben
Und die Hölle nicht mehr sein!"

Pastor Finke (singt): "Unser Schuldbuch sei vernichtet!"

Alle (singen):

"Ausgesöhnt die ganze Welt!
Brüder – überm Sternenzelt
Richtet Gott, wie wir gerichtet."

Eventuelle Zugabe

Musik Nr. 54:

Schillerchor *(unter Lukas Bickel singt):* "Gestern abend war Vetter Michel **hier**."

Lutherchor *(unter Lola Glimpe singt):* "Gestern abend war Vetter Michel **da**."

Schillerchor *(singt):* "Vetter Michel war gestern abend **hier**."

Lutherchor *(singt):* "Gestern abend war er **da**."

Schillerchor *(singt):* "Der ein' sprach **Nein**."

Lutherchor *(singt):* "Der andre **Ja**."

Beide Chöre *(singen):* **"Vetter Michel sprach wohl Nein und Ja."**

Pause.

Lutherchor *(singt):* "Vetter Michel war gestern abend **hier**."

Schillerchor *(singt):* "Gestern abend war er **da**."

Das Licht blendet schnell aus.

ANHANG

I. Die Musik-Nummern mit Noten

II. Kalendarium der erwähnten Daten

Die Musik-Nummern

1) **„Wohlauf, Kameraden"** – *Seiten 1, 4, 8f., 54, 132, 196*
Text: Friedrich Schiller („Wallensteins Lager")
Musik: Christian Jakob Zahn

2) **„Ein feste Burg ist unser Gott"** – *Seiten 2, 137, 179f., 263f.*
Text: Martin Luther – Musik: Martin Luther

3) **„Ach Gott, vom Himmel sieh darein"** – *Seite 7*
Text: Martin Luther – Musik: Martin Luther

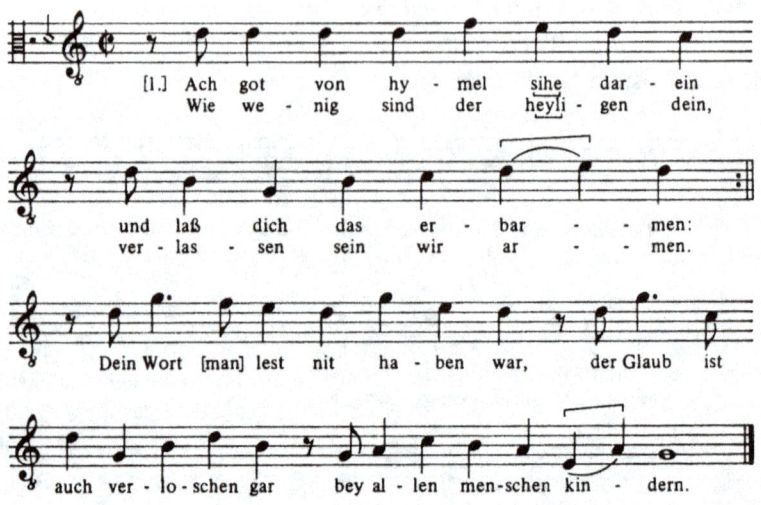

4) **„Mitten wir im Leben sind / Mit dem Tod umfangen"** – *Seite 11f.*
Text: Martin Luther – Musik: Martin Luther

5) **"Schöne Welt, wo bist du?"** – *Seite 15*
Text: Friedrich Schiller ("Die Götter Griechenlands")
Musik: Franz Schubert (D. 677b)
CD: 05472772962 (Christoph Prégardien singt Schubert-Lieder nach Gedichten von Schiller)

6) **Hexenlied** – *Seite 18ff.*
Text: Friedrich Schiller (zu "Macbeth") – Musik: ad lib.

7) **Langes Schlagzeugsolo** – *Seite 25*
Musik: ad lib.

8) **Sprechgesang (Rap): „Du närrisches, unweises Volk ... "** – *Seite 26f.*
Text: Martin Luther – Musik: ad lib.

9) **Sprechgesang (Rap): „Ich, Martinus Luther Doctor"** – *Seite 28ff.*
Text: Martin Luther – Musik: ad lib.

10) **Trommelwirbel oder kurzes Schlagzeugsolo** – *Seite 34*
Musik: ad lib.

11) „'s brennt, Brüder, 's brennt!" – *Seite 41f.*
Text und Musik: Mordechai Gebirtig, 1938

12) Trommelwirbel oder kurzes Schlagzeugsolo – *Seite 34*
Musik: ad lib.

13) „Ratschintschin, ratschintschin ..." – *Seite 43*
Text: anonym – Musik: trad. (19. Jh.)

14) **Leiser Trommelwirbel** – *Seite 43*
Musik: ad lib.

15) **„Raus, raus, raus. Revolution, / Vitrulala, vitrulala!"** – *Seite 43f.*
Text: anonym – Musik: trad. (19. Jh.)

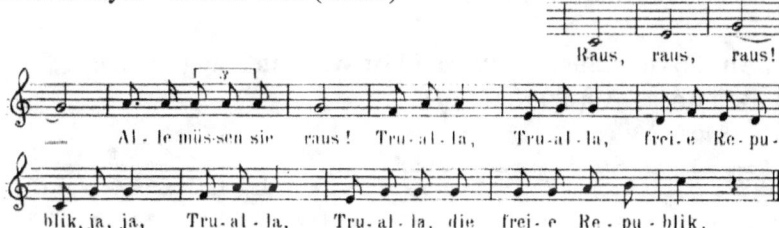

16) **Leiser Trommelwirbel, cresc.** – *Seite 46*
Musik: ad lib.

17) **„Es lebe hoch das Vaterland, / Die deutsche Republik!"** – *Seite 47*
Text: anonym – Musik: trad. (19. Jh.)

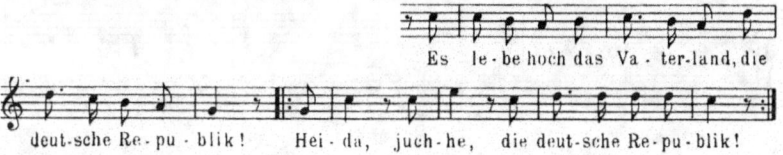

18) **„Weg mit allen Barrikaden!"** – *Seite 56*
Text: anonym – Musik: trad. (19. Jh. = „Ausgelitten, ausgerungen hast du endlich deutsches Herz")

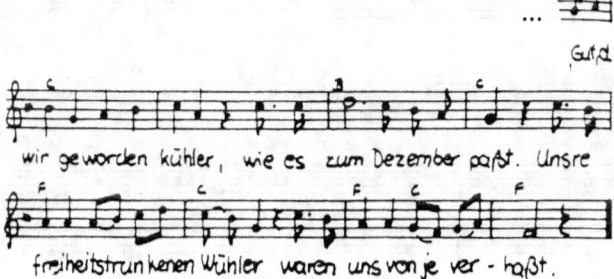

19) „**Am elften Elften geht es los**" – *Seiten 58, 135*
Text und Musik: Rudolf Schönbrodt (aus „Es ist der Karneval in Sachsen")
Rechte und Noten:
Salzstraßensänger, ℅ 1. Karnevalsverein „CC-AS" von 1981 e. V. Leipzig,
Goldacher Straße 12, 04205 Leipzig

20) „**Am 11. November [= 30. Mai] ist Weltuntergang**" – *Seite 58*
Text: Bert Roda – Musik: Karl Erpel

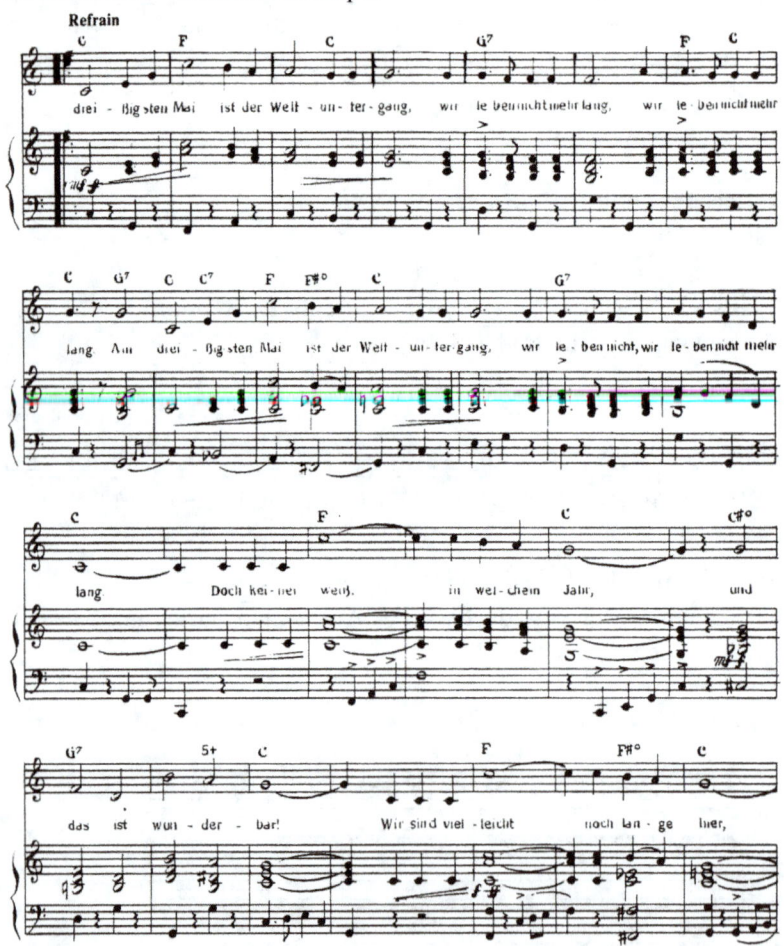

21) „Im Januar um Mitternacht" – *Seite 64f.*
Text: anonym – Musik: trad. (19. Jh.)

22) „Darum flattre, rote Fahne / Rote Fahne, fliege" – *Seiten 73, 124f.*
Text: anonym (19. Jh.) – Musik: Gustav Steffens (zu „Kornblumen" von O[tfrid] Mylius [= Karl Müller])

23) „**Die Gedanken sind frei**" – *Seite 73*
Text: anonym – Musik: trad. (um 1815)

24) „**Oj, jiddisch – kudaj jiddisch? Satscham jiddisch?**" – *Seite 74f.*
Text: anonym – Musik: trad.

25) **„Wenn, wenn, wenn singt a Jid?"** – *Seite 78*
Text: anonym – Musik: trad.

26) **„Lomir sijch varsejnen"** – *Seite 83*
Text: anonym – Musik: trad.

27) **„Es zittern die morschen Knochen"** – *Seite 87*
Text + Musik: Hans Baumann (zugeschrieben)

28) **„Ein Vogel wollte Hochzeit machen"** – *Seite 94*
Text: anonym – Musik: trad.

29a) „**Ein Jude (Männlein) steht im Walde, ganz still und stumm**" – *S. 99*
Text: August Heinrich Hoffmann von Fallersleben
Musik: trad. (um 1800)

29b) „**Volk ans Gewehr**" – *S. 99f.*
Text und Musik: Arno Pardun (1931) - Joseph Goebbels gewidmet
Melodie: siehe (und höre!) http://ingeb.org/lieder/volkansg.html

30) „**Auf, und verjagt die Tyrannen**" – *Seite 125*
Text: ?? – Musik: ??

31) „**O Tannebaum, o Tannebaum**" – *Seiten 126f., 133*
Text: Joachim August Zarnack und Ernst Anschütz nach Melchior Franck
– Musik: trad. (16. Jh.)

32) **„Wem ham se de Krone jeklaut?"** – *Seite 130f., 135*
Text: anonym – Musik: anonym

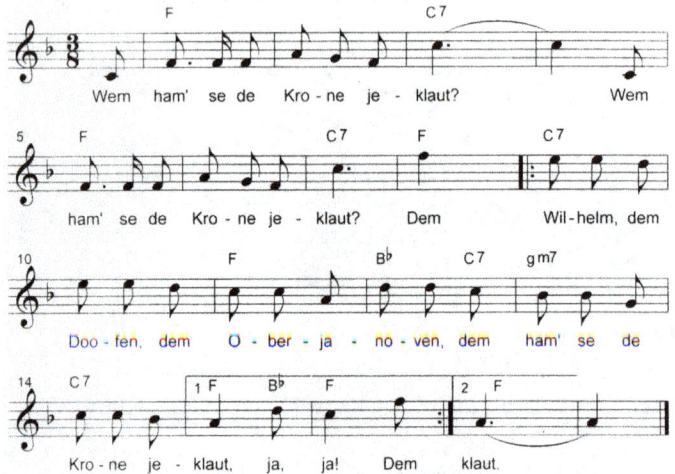

33) **„Weil nun Sankt Martin bricht herein"** – *Seite 138f.*
Text: ? – Musik: ad lib.

34) **„Den Sankt Martin soll man ehren"** – *Seite 140f.*
Text: ? – Musik: ad lib.

35) **„Wenn euch die Leute fragen: / Wo ist Robert Blum?"** – *Seite 152f.*
Text: ? – Musik: trad. (= „Es saßen sechs Studenten")

36) „O du verratnes Deutschland" – *Seiten 153f., 171f.*
Text: ? – Musik: Leopold Knebelsberger (zu Julius Mosens „Zu Mantua in Banden", 1844)

37) **„Die Welt ist rund geschaffen"** – *Seite 164f.*
Text: Johann Peter Balthasar Kreuser – Musik: anonym

38) **„Frankreichlied"** – *Seite 177f.*
Text: Heinrich Anacker („Kamerad, wir marschieren im Westen)"
Musik: Herms Niel (1940)

39) **„Wem der große Wurf gelungen"** – *Seiten 181, 264f.*
Text: Friedrich Schiller („An die Freude") – Musik: Ludwig van Beethoven

40) **„In dem Dom der Invaliden"** – *Seite 185*
Text: Eduard Finck   Musik: ad lib.

41) **„Wenn die Blätter rauschen / Süßen Freundesgruß"** – *Seite 197ff.*
Text: Max von Schenkendorf (= „Freiheit, die ich meine")
Musik: Karl Groos

42) **Instrumentaler Rhythmus** – *Seite 207f.*
Musik: ad lib.

43) **Sprechgesang (Rap): „Die Mauer ist weg!"** – *Seite 208f.*
Musik: ad lib.

44) **Sprechgesang (Rap): „Das ist Wahnsinn!"** – *Seite 209f.*
Musik: ad lib.

45) **Sprechgesang (Rap): „Gor-bi!"** – *Seite 210*
Musik: ad lib.

46) **„So ein Tag, so wunderschön wie heute"** – *Seite 211*
Text: Walther Rothenburg, 1954 – Musik: Lotar Olias, 1954

47) „**Wer soll das bezahlen**" – *Seite 212*
Text: Walter Stein (Kurt Feltz), 1959 – Musik: Jupp Schmitz, 1959

48) „**Frisch auf! frisch auf! zur Jubelfahrt**" – *Seite 219ff.*
Text: (frei nach) Friedrich Förster, 1817 –
Musik: anonym (= Ein freies Leben führen wir = Gaudeamus igitur)

49) **„Schlagt die Faschisten"** – *Seite 233*
Text: Ulrike Meinhoff nach Kurt Tucholsky (= Küßt die Faschisten") –
Musik: Hanns Eisler („Rosen auf den Weg gestreut")
Rechte und Noten: Hanns-Eisler-Archiv, Akademie der Künste, Robert-Koch-Platz 10, 10115 Berlin
oder Stiftung Deutsches Kabarett Archiv, Rheinstraße 48, 55116 Mainz

50) **„Ihr Toten vom 9. November"** – *Seite 236f.*
Text: Adolf Wagner („In München sind viele gefallen" = „Den Toten des 9. 11. 1923", 4. Strophe) - Musik: Max Böhm (= trad. „Bei Leuna sind viele gefallen" = „Es waren zwei rote Gardisten" und viele andere)

51) **„Su schön wor et noch nie"** (1933) – *Seite 255f.*
Text: Willi Ostermann – Musik: Willi Ostermann

52) **„Deutschland, Deutschland, über alles"** – *Seite 260f.*
Text: August Heinrich Hoffmann von Fallersleben – Musik: Joseph Haydn

53) **„Die Fahne hoch"** (+ Parodie) – *Seite 261*
Text: Horst Wessel (?) – Musik: anonym (Peter Cornelius ?)
Noten: Index StGB

54) „**Gestern abend war Vetter Michel hier**" – *Seite 266*
Text: anonym – Musik: trad. (18. Jh.)

Kalendarium
der erwähnten Daten

8. November (Vorabend)

397 Tod des Heiligen Martin in Candes (→ Martinstag am 11. November)   *Seite 144*

1918 Beginn der Waffenstillstandsverhandlungen in Compiègne zur Beëndigung des Ersten Weltkriegs (am 11. November)   *Seite 102*

1923 Hitler erklärt sich in München zum Reichskanzler   *Seite 95*

1939 Attentat des Schreinergesellen Georg Elser auf Adolf Hitler im Münchner Bürgerbräukeller bei der Gedenkveranstaltung zum 9. November 1923   *Seite 174*

1942 Die Truppen der Alliïerten Westmächte landen in Marokko und Algeriën   *Seite 179*

1989 Tagung des Zentralkomitees der SED (bis zum 10. November) mit dem Ziel einer Liberalisierung der DDR   *Seite 254*

1999 George Bush, 41. Präsident der USA, wird zum zehnten Jahrestage des Mauerfalls am 9. November 1989 Ehrenbürger von Berlin ...   *Seite 57*

9. November

324 Weihe der Lateranbasilika in Rom   *Seite 145*

324 Erscheinung Christi mit den Worten *"Pax vobis"* in der römischen Lateranbasilka   *Seite 145*

1215 Das Vierte Laterankonzil beschließt in Rom das Dogma der *Heiligen Wandlung* und eine Reform der katholischen Kirche   *Seite 145*

1215   Der Erzbischof von Amalfi wird auf dem Vierten Laterankonzil zerquetscht   *Seite 145*

1518   Papst Leo X. (aus dem Hause Medici) erläßt seine Bulle *"Cum postquam"*   *Seiten 146 – 147*

1531   Martin Luthers zweiter Sohn geboren: Martin Luther junior   *Seite 161*

1616   Der französische Philosoph René Descartes, 20, in Poitiers zum Baccalaureus und Lizentiaten der Rechte promoviert   *Seite* 168

1765   Der sechzehnjährige Goethe erwägt in Leipzig seinen Freitod   *Seite 225*

1795   Schiller schreibt an Wilhelm von Humboldt, er lerne Altgriechisch, um *"das Moderne zu vergessen", und fei*ere durch stundenlanges "Schwatzen" mit Goethe in seinen Geburtstag hinein   *Seite 222*

1799   Napoléon Bonapartes Staatsstreich beëndet in Paris die Französische Revolution und ihre Folgen   *Seite 194f.*

1805   Goethes Plan einer Gedenkfeiër für den toten Schiller wird vom Herzogshofe vereitelt   *Seite 242*

1818   Der russische Schriftsteller Iwan Sergejewitsch Turgenjew in Orjol geboren   *Seite 160*

1830   Der 81jährige Goethe spricht in einem Brief an seinen Freund Carl Friedrich Zelter in Berlin von Schillers *"eingeborener Christus-Tendenz": "er berührte nichts Gemeines, ohne es zu veredeln – gerade wie im Evangelium"*   *Seite 258*

1832   Trauërfeiër der Weimarer Freimaurerloge "Amalia" für ihren Logenbruder Goethe   *Seite 262*

1840   Der deutsche Parlamentariër Robert Blum, der in Leipzig alljährlich zum 10. November Schiller-Feiërn veranstaltete, hält dort seine erste Schiller-Rede   *Seite 170*

1848   Robert Blum in Wien hingerichtet   *Seite 152*

1848 Goethes Enkel Walther gibt in Wien aus Protest gegen Robert Blums Erschießung seinen Degen der Nationalgarde zurück   *Seite 157*

1851 Louis-Napoléons Staatsstreich beseitigt in Paris die Französische Republik   *Seite 192*

1883 Dreitägiges Volks-Lutherfest in Hamburg   *Seite 148*

1903 Erstes Kardinals-Konsistorium des neuën Papstes Pius X. mit dessen Antrittsrede gegen allen sogenannten Modernismus *Seite 159*

1905 Erika Mann, älteste Tochter von Thomas Mann, in München geboren   *Seite 160*

1908 Der erste Zeppelin wird vom Kriegsminister zu militärischen Zwecken abgenommen   *Seite 38*

1910 Günter von Drenkmann in Berlin geboren   *Seite 70*

1913 Hauptversammlung des "Verbandes deutscher Juden" berät in Hamburg Maßnahmen gegen den Rassismus im deutschen Kaiserreich   *Seite 176*

1914 Der deutsche Kreuzer *"Emden"* wird im separaten "Handelskrieg" 1914-18 nach der eigenen Versenkung von 23 feindlichen Handelsschiffen bei den Kokosinseln im Indischen Ozean von einem australischen Kreuzer leck torpediert und sinkt *Seite 60*

In Flandern wird hierauf per Armeebefehl die sogenannte Schlacht von Langemarck eingeleitet   *Seite 60*

1917 Lenins Waffenstillstandserklärung zur russischen Beëndigung des Ersten Weltkrieges   *Seite 200*

1918 Die kommunistischen *"Spartakisten"* besetzen die Redaktionsräume des *"Berliner Lokalanzeigers"*   *Seite 66*

1918 In Berlin erscheint die erste kommunistische Zeitung: *"Die Rote Fahne"*   *Seite 66f.*

1918 Rote Fahnen werden auf dem Berliner Schloß und dem Brandenburger Tor gehißt   *Seite 67*

1918 Rücktritt Kaiser Wilhelms II.   *Seiten 51 – 67– 104ff.*

1918 Der Sozialdemokrat Philipp Scheidemann ruft um 14 Uhr durch ein Fenster des Berliner Reichstags die deutsche Republik aus   *Seite 226f.*

1918 Der Kommunist Karl Liebknecht ruft um 16 Uhr vom Balkon des Kaiserlichen Schlosses in Berlin die deutsche Republik aus   *Seite 226f.*

1918 Der Kriegsgefreite Adolf Hitler beschließt in der Nacht vom 9. auf den 10. November in einem Pasewalker Lazarett, Politiker zu werden   *Seiten 53 - 228*

1918 Deutschland wird republikanische Demokratie   *Seite 105ff.*

1918 Reichskanzler Friedrich Ebert erklärt den Kapitalismus für überwunden   *Seite 132*

1918 Rosa Luxemburg aus dem Breslauër Gerichtsgefängnis entlassen   *Seite 67*

1923 Adolf Hitlers Putschversuch vor der Münchner Feldherrnhalle scheitert   *Seiten 89 –95f. – 236f.*

1923 Die NSDAP verboten   *Seite 97*

1934 Schillers 175. Geburtstag wird in München gemeinsam mit dem NS-*"Tag der Feldherrnhalle"* gefeiërt   *Seite 55*

1935 Der gescheiterte Münchner NS-Putsch vom 9. November 1923 wird zum Nationalfeiër-*"Tag der Bewegung"* mit Totenkult, Märtyrersärgen, Blutzeugen, Blutfahne, Blutorden und makabrer Rekrutenvereidigung umstilisiert   *Seiten 80 – 89 – 96f – 236f.*

1937 Änderung des NS-deutschen Erbrechts: jüdische Ehepartner und deren Kinder werden vom Pflichtteil ausgeschlossen   *Seite 173*

1937 Vernisssage der Ausstellung *"Der ewige Jude"* im Deutschen Museum München   *Seite 173*

1938 Der britische Palästina-Plan verteilt dieses Land an Engländer, Juden und Araber   *Seite 173*

1938 Herschel Grynszpan erschießt in Paris den NS-deutschen Legationsrat Ernst vom Rath   *Seite 92f.*

1938 Antisemitisches Pogrom der sogenannten Reichskristallnacht in ganz Deutschland   *Seiten 42 – 74ff*

1938 Reichskanzler Hitler delegiert die weitere Judenverfolgung telefonisch an Hermann Göring   *Seite 240*

1939 Erschießung von 21 Juden im Konzentrationslager Buchenwald als Reaktion auf Georg Elsers Hitler-Attentat im Münchner Bürgerbräukeller   *Seite 174*

1939 Der SPD-Politiker Björn Engholm in Lübeck geboren   *Seite 174*

1939 Der NS-Propagandaminister Joseph Goebbels liest das Drehbuch zum Film *"Jud Süß"*   *Seite 174*

1940 Der britische Friedenspolitiker Neville Chamberlain in Reading gestorben   *Seite 184*

1942 Wendepunkt des Zweiten Weltkrieges   *Seite 179*

1943 Reichsführer SS Heinrich Himmlers Stockholmer Geheimkontakte zu US-amerikanischen Friedensmissionären   *Seite 180*

1947 Erste feinzeilige Fernsehaufzeichnung der BBC in London   *Seite 222*

1949 Rückerstattung aller bürgerlichen Rechte der DDR an Mitglieder von NSDAP und NS-deutscher Wehrmacht   *Seite 159*

1949 Aufnahme der Bundesrepublik Deutschland in den Europarat   *Seite 160*

1962 Verhinderung eines Dritten Weltkriegs durch den Abzug sowjetischer Raketen aus Cuba   Seite 182

1970 Der französische Staatspräsident Charles de Gaulle in Colombey-les-Deux-Églises gestorben   Seite 184

1972 Aufnahme der *Bundesrepublik Deutschland* in die *Vereinten Nationen*   Seite 170

1972 Aufnahme der *Deutschen Demokratischen Republik* in die *Vereinten Nationen*   Seite 170

1974 Gründungsversammlung der rechtsnationalen CICPN in Frankreich   Seite 93

1974 Holger Meins gestorben   Seiten 37 – 70 – 232f.

1989 Tagung des Zentralkomitees der SED zur Liberalisierung der DDR   Seite 254

1989 Schabowskis Ostberliner Pressekonferenz mit Erwähnung der Maueröffnung zwischen DDR und BRD   *Seiten 208 – 213 – 247 – 249 – 254*

1989 Premiere des ersten Schwulenfilms der DDR: *"Coming out"* von Heiner Carow in vierzig Kinos   *Seite 208ff.*

1990 Willy Brandt befreit 175 Deutsche aus irakischer Geiselhaft   *Seite 185*

1990 Michail S. Gorbatschow besucht die deutsche Bundeshauptstadt Bonn zur Unterzeichnung des sowjetisch-deutschen Grundlagenvertrages über Partnerschaft, Zusammenarbeit und Beëndigung des Vergangenen   *Seite 200*

1994 Im Straßburger Europa-Parlament wird eine Rahmenkonvention zum Schutze von Minderheiten beschlossen   *Seite 178*

10. November

seit dem Mittelalter in ganz Deutschland der Zahltag für Jahreslöhne und Sondervergütungen, auch der allgemeine Rechts- und Zinstermin für Zahlungen, Prozesse und Schuldverschreibungen, auch der alljährliche Steuer- oder Pachtzinstermin und für viele Arbeitnehmer die einzige Gelegenheit, die Stellung zu wechseln: also Ende und Anfang des Wirtschaftsjahres – *Seite 247ff.*

461 Papst Leo I., Architekt einer europäischen Vormachtstellung des Vatikans, in Rom gestorben *Seiten 36 – 37*

1381 Gründung eines Jeckenordens durch Kölner Erzbischof; Kennzeichen: Hanswurst mit Narrenkappe und Schnabelschuhen; Parole: *"Verbrüderung mit völliger Gleichheit in Rechten und Pflichten"* (oder am 11. November 1381) *Seite 166*

1483 Martin Luther in Eisleben geboren *Seiten 4 – 6 – 82*

1549 Papst Paul III. (aus dem Hause Farnese), Begründer von Jesuïtenorden und Inquisition, in Rom gestorben *Seite 145*

1618 Der französische Philosoph René Descartes befreundet sich mit dem niederländischen Kollegen Isaac Beeckman, der eine strikte Mathematisierung der Physik vertritt *Seite 41*

1619 René Descartes hat 23jährig in Ulm eine nächtliche Vision seiner späteren Welttheorie und jener universellen Mathematik, die die ganze Welt seither für erklärbar und verstehbar hält *Seite 40f.*

1759 Friedrich Schiller in Marbach geboren *Seiten 3 – 222*

1775 Goethe begegnet in Weimar der legendären Charlotte von Stein (oder am Folgetag)... *Seite 158*

1786 Goethe entwirft auf dem Friedhof zu Füßen der Cestius-Pyramide in Rom sein eigenes Grabmal, das viel später seinen einzigen Sohn bergen wird ... *Seite 229*

1789 Friedrich Schiller bekommt als ehrenamtlicher Professor der Universität Jena sein erstes "Kollegiëngeld" aus der Hand eines seiner Studenten   *Seite 49*

1798 Goethe schreibt an Schiller, wie notwendig Deutlichkeit sei   *Seite 53*

1799 Napoléon Bonaparte Alleinherrscher über Frankreich   *Seite 191ff.*

1801 Goethe begründet in Weimar als Geburtstagsgeschenk für Schiller das sogenannte Mittwochskränzchen mit sieben Paaren über Kreuz   *Seite 238*

1807 Der deutsche Parlamentariër Robert Blum in Köln geboren   *Seite 151*

1810 Goethes Tagebuchnotiz zu *"Rochus Pumpernickel"* in seinem Hoftheater   *Seite 52*

1816 Goethe schreibt an einer Martin-Luther-Kantate   *Seite 246*

1826 Mehr als zwanzig Jahre nach Schillers Tod äußert Goethe erstmals seinen Wunsch nach einem Doppelgrabe für den Freund und sich   *Seite 252*

1830 Goethe erfährt vom Tode seines einzigen Sohnes in Rom   *Seite 260*

1848 Friedrich von Wrangel beëndet als *Oberbefehlshaber in den Marken* mit militärischer Gewalt die Berliner Revolution von 1848, entmachtet die demokratische Bürgerwehr und verhängt den Belagerungszustand über Berlin   *Seite 44ff.*

1850 Friedrich von Wrangel, inzwischen Gouverneur von Berlin, wird zum Berliner Ehrenbürger ernannt   *Seite 56f.*

1883 Dreitägiges Volks-Lutherfest in Hamburg   *Seite 148*

1908 Reichstagsdebatte zum Interview Kaiser Wilhelms II. im englischen *"Daily Telegraph"* und zur hieraus resultierenden Staats- und Regierungskrise in seinem Reich   *Seite 38*

1908 Kaiser Wilhelm II. inspiziert den ersten Zeppelin und feiert seinen Konstrukteur, den Grafen Ferdinand von Zeppelin, als *"größten Deutschen des 20.Jahrhunderts"* *Seite 38f.*

1911 Kronprinz Wilhelm kreist zwei Stunden lang im Zeppelin über Berlin *Seite 39*

1914 Schlacht des Ersten Weltkriegs bei Langemarck im belgischen Flandern *Seiten 40 – 48 – 60ff. – 260f.*

1918 Kaiser Wilhelm II. flieht nach Holland *Seite 50f.*

1918 Der flüchtige Kaiser Wilhelm II. wird im holländischen Schloß Amerongen mit einem Galadiner willkommen geheißen *Seite 51*

1918 Protestversammlung in der New Yorker *Carnegie Hall* gegen das niederländische Asyl Kaiser Wilhelms II., der zehn Millionen Kriegstote zu verantworten habe *Seite 50*

1918 Rücktritt aller *circa* zwanzig Regierenden deutschen Landesfürsten. (König Friedrich August III. von Sachsen: *"Macht doch eiern Dreck alleene!"*) *Seite 51f.*

1918 Ende des monarchischen Deutschland *Seite 51f.*

1918 Der Kriegsgefreite Adolf Hitler beschließt in der Nacht vom 9. auf den 10. November in einem Pasewalker Lazarett, Politiker zu werden *Seiten 53 – 228*

1934 NS-Reichsjugendführer Baldur von Schirach erweitert den bisherigen *"Langemarck-Opferpfennig der Deutschen Studentenschaft"* zur *"Langemarck-Spende der deutschen Jugend"*, um so ein Langemarck-Studium politisch "förderungswürdiger" junger Männer zu finanzieren *Seite 63*

1934 Ein NS-Staatsakt im Nationaltheater Weimar zu Schillers 175. Geburtstag eröffnet in Anwesenheit von Adolf Hitler die "Reichsschillerwoche" *Seite 54f.*

1938 Fortgang jenes antisemitischen Pogroms der sogenannten Reichskristallnacht *Seiten 42 – 75ff. – 230f.*

1938 NS-Propagandaminister Goebbels leugnet vor ausländischen Journalisten das heutige Judenmassaker   *Seite 81*

1938 Reichskanzler Hitler ernennt Hermann Göring zum *Beauftragten der Judenpolitik   Seite 84f.*

1938 NS-Reichspropagandaminister Goebbels ruft über Rundfunk und Presse zur Beëndigung der sogenannten Reichskristallnacht und zu ihrer Fortsetzung mit juristischen Mitteln auf *Seite 175*

1938 NS-Reichskanzler Adolf Hitler gibt in München die einzige Pressekonferenz seiner ganzen Amtszeit, verschweigt das aktuëlle Pogrom an den Juden, aber droht mit ähnlichen Maßnahmen gegen Intellektuëlle und Journalisten   *Seiten 232 – 258f.*

1938 In Italiën tritt ein Rasseschutzgesetz in Kraft, das allen Juden den Staatsdienst, den Militärdienst und Ehen mit arischen Italiënern untersagt   *Seite 173*

1938 Der türkische Staatsmann und Reformator Kemal Atatürk in İstanbul gestorben   *Seite 184*

1942 Pierre Laval, kollaborierender Ministerpräsident der französischen Vichy-Regierung, besucht in München seinen NS-deutschen Kollegen Adolf Hitler, ohne von diesem zu erfahren, daß schon am nächsten Morgen auch der restliche Süden Frankreichs von deutschen Truppen okkupiert wird; Laval erfährt das erst eine Stunde nach dem Einmarsch   *Seite 178*

1942 In Stalingrad, das schon zu neun Zehnteln in deutscher Hand ist, beginnt die entscheidende sowjetische Gegenoffensive, die die militärische Niederlage Deutschlands in die Wege leiten wird   *Seite 179*

1942 Wendepunkt des Zweiten Weltkrieges   *Seite 179*

1944 Dreizehn jugendliche Mitglieder der antifaschistischen Widerstandsgruppe "Edelweißpiraten" in Köln gehängt   *Seite 38*

1948 Erste Lesung des neuen Grundgesetzes im Hauptausschuß des provisorisch amtierenden *Parlamentarischen Rates* in Bonn   *Seite 229*

1957 Baubeginn eines neuen Jüdischen Gemeindezentrums in Westberlin auf dem Grundstück der NS-niedergebrannten alten Synagoge   *Seite 174*

1965 Regierungserklärung des Bundeskanzlers Ludwig Erhard zur Wiederherstellung wirtschaftlicher Stabilität durch Maßhalten und eine "formierte Gesellschaft" mit reduzierten sozialen Absicherungen   *Seite 35*

1965 Abstimmung im niederländischen Parlament über die geplante Verlobung der Kronprinzessin Beatrix mit einem Deutschen   *Seite 49f.*

1966 Georg Kiesinger wird Bundeskanzler der Bundesrepublik Deutschland   *Seite 35f.*

1969 In Berlin wird ein Bombenanschlag linksradikaler Palästina-Sympathisanten auf das Jüdische Gemeindehaus knapp verhindert   *Seite 42*

1971 Der Deutsche Bundestag verabschiedet eine Reform des Betriebsverfassungsgesetzes: Zugang der Gewerkschaften in die Betriebe und erweiterte Betriebsvertretungen   *Seite 39*

1974 Graffito in der oberbayrischen Wieskirche: *"Rache für Holger. Amen"*   *Seite 68*

1974 Kammergerichtspräsident Günter von Drenkmann von der RAF in Berlin ermordet   *Seite 36f.*

1974 Gründungsversammlung der rechtsnationalen CICPN in Frankreich   *Seite 93*

1975 Walter Scheel ist der erste Bundespräsident, der einen Staatsbesuch in Moskau absolviert   *Seite 167*

1975 Die UNO verurteilt mit der Mehrheit ihrer Vollversammlung in New York jede Form von Zionismus als Rassismus   *Seite 176*

1976 Der ägyptische Staatspräsident Anwar as-Sadat erklärt sich zum Friedensvertrag mit Israël bereit   *Seite 182*

1977 Der ägyptische Staatspräsident Anwar as-Sadat kündigt seine Friedensreise nach Jerusalem an   *Seite 182*

1980 Der DDR-Staatsratsvorsitzende Erich Honecker reist zu seinem ersten Staatsbesuch in Westeuropa nach Wien   *Seite 167*

1982 Leonid Iljitsch Breschnew, Generalsekretär der KPdSU und Erster Mann der Sowjetunion, in Moskau gestorben   *Seite 184*

1983 Zwölftausend Physiker aus 43 Ländern unterzeichnen in Paris eine Petition zur Beëndigung aller Nuklearbewaffnung   *Seite 71*

1988 Bundestagspräsident Philipp Jenninger hält eine so mißverständliche Gedenkrede zum 50. Jahrestage der sogenannten Reichskristallnacht, daß er schon anderntags zurücktreten muß   *Seite 172*

1989 Tagung des Zentralkomitees der SED (seit dem 8. November) mit ihrem Schlußkommuniqué einer Liberalisierung der DDR und der Zielsetzung, *"die erstarrten politischen Strukturen aufzubrechen und erste Schritte einer Wende einzuleiten"   Seite 254f.*

1989 Willy Brandts Wiedervereinigungsrede vor dem Schöneberger Rathaus in Berlin zum bevorstehenden Zusammenwachsen dessen, *"was zusammengehört"   Seiten 207 – 253*

1989 Die Glienicker Brücke zwischen Ost- und Westberlin, seit 1961 aus politischen Gründen gesperrt, ist wieder für jedermann offen und wird von Tausenden passiert   *Seite 207*

1990 Michail S. Gorbatschow besucht die deutsche Bundeshauptstadt Bonn zur Unterzeichnung des sowjetisch-deutschen Grundlagenvertrages über Partnerschaft, Zusammenarbeit und Beëndigung des Vergangenen   *Seite 200*

1990 Bei einem Fußballspiel zwischen den Vereinen *Lokomotive Leipzig* und *FC Berlin* wird in Leipzig der achtzehnjährige Mike Polley aus Berlin von der Polizei erschossen   *Seite 41*

1991 Fred A. Leuchter, US-amerikanisch hauptberuflicher Spezialist für Hinrichtungsstätten, legt in Weinheim an der Bergstraße einen "Forschungsbericht" vor, der die Massenmorde von Auschwitz leugnet   *Seite 93f.*

1994 Der Irak erkennt das Emirat Kuweit als souveränen Staat an: faktisches Ende des Zweiten Golfkrieges   *Seite 185*

1995 Der nigerianische Schriftsteller, Menschenrechtler und Widerstandskämpfer Ken Saro-Wiwa, Träger des Alternativen Nobelpreises und nominierter Kandidat für den Friedensnobelpreis, mit acht andern Angeklagten eines korrupten Schauprozesses in Port Harcourt hingerichtet. Nigeria wird hierauf aus dem *Commonwealth of Nations* ausgeschlossen   *Seite 37*

2000 Der Deutsche Bundestag erklärt eine *Eingetragene Gleichgeschlechtliche Lebenspartnerschaft* für rechtsgültig   *Seite 210*

11. November

Seit der Festlegung von Christi Geburt auf den 25. Dezember etwa im Jahre 354 werden die vierzig vorherigen Fastentage unter diesem Datum als dem symbolischen Abschied von aller Fleischlichkeit mit einem letzten Schlemmen und Schwelgen, mit traditionellem Gansessen und Karnevalsanfang eingeleitet – *Seite 146ff.*

1381 Gründung eines Jeckenordens durch Kölner Erzbischof; Kennzeichen: Hanswurst mit Narrenkappe und Schnabelschuhen; Parole: *"Verbrüderung mit völliger Gleichheit in Rechten und Pflichten"* (oder am 10. November 1381) Seite 166

1417 Das *Konstanzer Konzil* beëndet das *"Abendländische Schisma"* einer Kirchenspaltung mit drei Päpsten, setzt die Päpste Gregor XII. in Rom und Benedikt XIII. in Avignon ab und wählt Papst Martin V. Seite 158f.

1483 Martin Luthers Taufe Seite 57

1620 Der 24jährige französische Philosoph René Descartes notiert sich als Freiwilliger der Herzoglich-Bayrischen Armee die erkenntnistheoretische Basis seiner späteren Lehre Seite 168

1759 Friedrich Schillers Taufe Seite 161

1775 Goethe begegnet in Weimar der legendären Charlotte von Stein (oder am Vortag) Seite 158

1784 Friedrich Schiller, 25, publiziert den hochexplosiven Satz *"Ich schreibe als Weltbürger, der keinem Fürsten dient"* Seite 242

1786 Goethe besucht in Rom die Mausoleën der *Via Appia Antica* und notiert sich den *"Unsinn der Verwüster"* Seite 237

1793 Friedrich Schiller schreibt zwei jener prinzipiëllen Briefe an seinen Mäzen, den Herzog Friedrich Christian von Schleswig-Holstein-Sonderburg-Augustenburg, in denen er seine revolutionären Gedanken *"Über die ästhetische Erziehung des Menschen"* vorformuliert Seite 168

1799 Friedrich Schiller siedelt von Jena nach Weimar über und wird herzoglich verpflichtet, alle künftigen Ideen als Exposé einer landesfürstlichen Kontrolle oder Zensur zur Billigung vorzulegen Seite 242

1804 Friedrich von Schiller präsentiert sein letztes vollendetes Bühnenstück: *"Die Huldigung der Künste"* Seite 166

1816 Goethe schreibt an seiner Martin-Luther-Kantate Seite 246

1821 Der Schriftsteller Fjodor Michailowitsch Dostojewskij in Moskau geboren Seite 160

1841 Der deutsche Parlamentariër Robert Blum hält in Gohlis bei Leipzig seine zweite Schiller-Rede zur politischen Verbindlichkeit des Satzes *"Geben Sie Gedankenfreiheit!"* Seite 170f.

1883 Dreitägiges Volks-Lutherfest in Hamburg Seite 148

1901 Maria Magdalena Behrend, spätere Magda und Ehefrau des NS-Propagandaministers Joseph Goebbels, in Berlin geboren Seite 99

1908 Reichstagsdebatte zum Interview Kaiser Wilhelms II. im englischen *"Daily Telegraph"* und zur hieraus resultierenden Staats- und Regierungskrise seines Reiches Seite 38

1911 Bei einer Modenschau in Paris treten Frauen erstmals in Hosen auf Seite 161f.

1914 Der offiziëlle "Heeresbericht" kolportiert den Sturmangriff bei Langemarck mit dem Gesang des "Deutschlandliedes" Seite 61

1918 Ende des Ersten Weltkriegs durch die Unterzeichnung des Waffenstillstands in Compiègne Seite 102ff. - 134

1918 Ende der Habsburger Dynastie nach 650 Herrschaftsjahren Seite 167

1918 Der österreichische Staatsrat erklärt seine neugegründete Republik zum Bestandteil des Deutschen Reiches Seite 167

1918 Kaiser Wilhelm II. bezieht sein Asyl in einem niederländischen Schloß Seite 50f.

1918 Rosa Luxemburg und Karl Liebknecht gründen in Berlin mit dem *"Spartakusbund"* eine erste deutsche Kommunistische Partei Seite 65f.

1918 US-Präsident Woodrow Wilson hält vor dem Kongreß in Washington seine programmatisch zukunftsweisende Friedensrede zur Beëndigung des Ersten Weltkriegs   *Seite 245*

1919 Der Waffenstillstand vom 11. November 1918 wird in den USA zum Nationalfeiertag erklärt und als *Armistice Day* bezeichnet   *Seite 160*

1922 Albert Einstein erhält den Nobelpreis für Physik   *Seite 174*

1923 Adolf Hitler wird nach seinem gescheiterten Putsch von München verhaftet   *Seite 97*

1929 Der Schristeller Hans Magnus Enzensberger in Kaufbeuren geboren   *Seite 160*

1932 Gründung der Berliner *"Arbeitsgemeinschaft Monarchistische Bewegung"* zur Wiederherstellung einer erblichen Monarchie in Deutschland   *Seite 228*

1936 Thomas Mann schreibt im Exil von Küsnacht die erste Seite seines Goethe-Romans *"Lotte in Weimar"*   *Seite 160*

1936 Der deutsche Rennfahrer Rudolf Caracciola fährt einen seiner siebzehn Weltrekorde   *Seite 160*

1938 Fortgang jenes antisemitischen Pogroms der sogenannten Reichskristallnacht   *Seiten 42 – 75ff. – 230f.*

1938 NS-Reichspropagandaminister Goebbels ruft über Rundfunk und Presse zur Beëndigung der sogenannten Reichskristallnacht und zu ihrer Fortsetzung mit juristischen Mitteln auf   *Seite 175*

1938 Konferenz beim "Beauftragten der Judenpolitik" Hermann Göring mit aggressiv antisemitischen Beschlüssen   *Seiten 84ff. – 89ff.*

1940 Die Firma Ford übergibt der US-amerikanischen Armee einen ersten Allzweck-Geländewagen mit Vierrad-Antrieb, heute "Jeep" genannt   *Seite 169*

1942 NS-Reichskanzler Adolf Hitler läßt im französischen Rundfunk einen Aufruf an alle Franzosen und seinen Brief an den Staatschef ihrer Vichy-Regierung Pétain verlesen: daß auch die autonomen Reste ihres Landes leider von deutschen Truppen okkupiert werden müßten *Seite 177*

1942 Wendepunkt des Zweiten Weltkrieges *Seite 179*

1945 Beginn des Nürnberger Prozesses gegen die NS-Protagonisten *Seite 167*

1954 *Armistice Day*, der US-Nationalfeiertag im Gedenken an den Ersten Weltkrieg, wird zu Ehren der Kämpfer in Zweitem Weltkrieg und Korea-Krieg zu *Veterans' Day* umbenannt *Seite 160*

1955 Das Zentralkomitee der SED beschließt in seinem 25. Plenum eine Wiedervereinigung des geteilten Deutschland *Seite 72*

1964 Die Bundesregierung unter ihrem Kanzler Konrad Adenauer beschließt die Verjährung von Naziverbrechen nach zwanzig Jahren *Seite 159*

1966 Die evangelisch-lutherische Landeskirche von Schleswig-Holstein beschließt, Frauen den Beruf eines Pfarrers zu genehmigen *Seite 162*

1973 Waffenstillstand zwischen Israël und Ägypten zur Beëndigung des Suez-Krieges *Seite 182*

1974 Gründungsversammlung der rechtsnationalen CICPN in Frankreich *Seite 93*

1988 Der Bundestagspräsident Philipp Jenninger tritt infolge seiner gestrigen Gedenkrede zum 50. Jahrestage der sogenannten Reichskristallnacht zurück *Seite 172*

1989 Hunderttausende DDR-Bürger passieren geöffnete Mauer und Glienicker Brücke: nationales Volksfest *Seite 207*

Die Deutsche Bibliothek verzeichnet diese Publikation
in der Deutschen Nationalbibliografie;
detaillierte bibliografische Daten
sind im Internet über <http://dnb.ddb.de> abrufbar.

© Hanno Lunin – *www.hannolunin.de*
Alle Rechte vorbehalten
Hersteller: Books on Demand GmbH, Norderstedt
>ORPHEUS UND SÖHNE< Verlag Hamburg 2008
www.orpheus-und-soehne.de
ISBN 978-3-938647-11-0

DER INHALT

Widmung   *Seite V*
Motti   *Seite VI*
Vorwort von Bernd Kauffmann   *Seite IX*
Anmerkung des Autors   *Seite XI*
Personenverzeichnis   *Seite XIII*

DREI TOLLE TAGE – Stücktext   *Seite 1*

Anhang   *Seite 269*
Musiknummern mit Noten   *Seite 271*
Kalendarium zum 9., 10. und 11. November   *Seite 295*
Impressum   *Seite 312*

HANNO LUNIN
www.hannolunin.de

Nach seiner Kölner Promotion in Germanistik und der Publikation seiner Dissertation über Strindberg begann er seine Theaterkarriere als dramatischer Autor:

mit dem Bühnenstück *"Der Paternoster"* (Verlag Felix Bloch Erben, Berlin), das in der *Freien Volksbühne Berlin* seine Uraufführung erlebte und für den Gerhart-Hauptmann-Preis nominiert wurde.

Trotzdem zog es den erfolgreichen jungen Autor, der schon als Gymnasiast die Texte für ein Schülerkabarett geschrieben hatte, zunächst in die Theaterpraxis. Aber auch in knapp drei Jahrzehnten als Regisseur, Dramaturg und Intendant an Theatern verschiedenster Größe, Struktur und Reputation war er, fast ohne es selbst zu realisieren, immer auch schriftstellerisch aktiv:

mit zahllosen Bearbeitungen oder Neu-Einrichtungen traditioneller Dramen und mit Neu- oder Erstübersetzungen von Theaterstücken, Hör- und Fernsehspielen aus dem Englischen, Französischen und Schwedischen für diverse Verlage, Theater und Sender. Besonders erfolgreich war da seine deutsche Fassung von *"Rosenkranz und Güldenstern sind tot"* von Tom Stoppard, die der Rowohlt Verlag auch als Taschenbuch herausgab.

Ferner entstanden in diesen Theaterjahren auch rund 35 *Dramaturgische Essays* über Dramatiker oder einzelne Dramen,

etwa 150 Artikel, Aufsätze oder Vorträge meist über Theaterthemen oder Theaterleute

und für den Hörfunk in Stuttgart und Köln auch literarische Feature-Texte.

Den Ruf eines Spezialisten erwarb er sich mit *Historisch-politischen Revuen* für das Hamburger *Thalia Theater* und den *Westdeutschen Rundfunk*, für Berliner Festwochen, Ruhrfestspiele und Rheinisches Musikfest.

Es folgten zwölf Jahre fast exklusiver Tätigkeit als Drehbuchautor von Fernsehspielen und -serien für ARD und ZDF, teils mit Quotenrekord.

Für das Theater machte er aus dem Kinofilm *"Husbands and Wives"* von Woody Allen mit dessen Zustimmung die erfolgreich gespielte Komödie *"Eheleute"*.

1998 beauftragte ihn Weimar als *Kulturstadt Europas 1999* mit einem Bühnenstück, das in diesem Schaufenster der Nation die Geschichte und Mentalität des Gastgeberlandes präsentieren oder repräsentieren sollte. So entstand *"Drei tolle Tage"*.

2005 gab er im Hamburger >ORPHEUS UND SÖHNE< *Verlage* Briefe des großen Berliner Regisseurs und Bühnenbildners Willi Schmidt (1910-1994), dessen Studenten seinerzeit das Bühnenbild für Lunins *"Paternoster"* entworfen hatten, mit ausführlichen eigenen Erläuterungen zum deutschen Theater der fünfziger bis achtziger Jahre heraus: *"Die Kinderrassel"* (ISBN 978-3-938647-09-7).